Francisco de Moraes

ENSINO EXCELENTE

Anotações e comentários para estudantes, pais e educadores

Dados Internacionais de Catalogação na Publicação (CIP)
(Jeane Passos de Souza – CRB 8ª/6189)

Moraes, Francisco de
 Ensino excelente : anotações e comentários para estudantes, pais e educadores / Francisco de Moraes. – São Paulo: Editora Senac São Paulo, 2020.

Bibliografia.
ISBN 978-65-5536-209-1 (impresso/2020)
e-ISBN 978-65-5536-210-7 (ePub/2020)
e-ISBN 978-65-5536-211-4 (PDF/2020)

1. Educação 2. Processo educacional 3. Processo de ensino-aprendizagem I. Título II. Série

20-1169t   CDD – 370
                                                    BISAC EDU000000

Índice para catálogo sistemático:
1. Educação 370

Francisco de Moraes

ENSINO EXCELENTE

Anotações e comentários para estudantes, pais e educadores

Editora Senac São Paulo – São Paulo – 2020

ADMINISTRAÇÃO REGIONAL DO SENAC NO ESTADO DE SÃO PAULO
Presidente do Conselho Regional: Abram Szajman
Diretor do Departamento Regional: Luiz Francisco de A. Salgado
Superintendente Universitário e de Desenvolvimento: Luiz Carlos Dourado

EDITORA SENAC SÃO PAULO
Conselho Editorial: Luiz Francisco de A. Salgado
                   Luiz Carlos Dourado
                   Darcio Sayad Maia
                   Lucila Mara Sbrana Sciotti
                   Jeane Passos de Souza

Gerente/Publisher: Jeane Passos de Souza (jpassos@sp.senac.br)
Coordenação Editorial/Prospecção: Luís Américo Tousi Botelho (luis.tbotelho@sp.senac.br)
                                                Dolores Crisci Manzano (dolores.cmanzano@sp.senac.br)
Administrativo: grupoedsadministrativo@sp.senac.br
Comercial: comercial@editorasenacsp.com.br

Edição e Preparação de Texto: Vanessa Rodrigues
Revisão de Texto: Bianca Rocha
Projeto Gráfico e Editoração Eletrônica: Veridiana Freitas
Capa: Manuela Ribeiro
Imagem de Capa: Adobe Stock
Impressão e Acabamento: Gráfica CS

Proibida a reprodução sem autorização expressa.
Todos os direitos desta edição reservados à
Editora Senac São Paulo
Rua 24 de Maio, 208 – 3º andar
Centro – CEP 01041-000
Caixa Postal 1120 – CEP 01032-970 – São Paulo – SP
Tel. (11) 2187-4450 – Fax (11) 2187-4486
E-mail: editora@sp.senac.br
Home page: http://www.livrariasenac.com.br

© Editora Senac São Paulo, 2020

SUMÁRIO

7 Nota do editor

9 Prefácio
Bernardete A. Gatti

15 Agradecimentos

17 Apresentação

23 1. Ensino, educação e aprendizagem

33 2. Níveis de abrangência do ensino

45 3. Finalidades do ensino

59 4. Qualidade no ensino e qualidade na aprendizagem

73 5. Indicadores comparativos

81 6. O aprendiz

91 7. Paradigmas educacionais e indicadores de qualidade

99 8. Investimentos ou despesas?

107 9. Vocação ou oportunidades?

115 10. Estatísticas e suas armadilhas

123 Posfácio
Francisco Aparecido Cordão

133 Referências

147 Índice remissivo

NOTA DO EDITOR

"QUALIDADE EM EDUCAÇÃO COMEÇA COM QUANTIDADE. EXCELÊNCIA EM RESULTADOS APENAS PARA POUCOS SOBREVIVENTES INDICA SELEÇÃO E EXCLUSÃO, NÃO É QUALIDADE EXCELENTE."

"LEIA PARA FORMAR SUAS PRÓPRIAS IDEIAS E NÃO PARA REPRODUZIR IDEIAS ALHEIAS."

"GOSTAR DE APRENDER É CONDIÇÃO ESSENCIAL PARA QUEM PRETENDE ENSINAR."

As frases acima, convicções dentre as poucas que Francisco de Moraes afirma ter, apoiaram o autor nas reflexões para elaborar este livro. Ou, como o próprio classifica, "livrinho". O diminutivo não se deve somente ao formato enxuto. É, também, uma expressão de simpatia – e até alegria – de Moraes pelo conteúdo que produziu.

O porquê se mostra página a página. A opção por uma escrita livre de citações acadêmicas não significa ausência de rigor no trato dos temas. Pelo contrário: temos aqui um concentrado de experiência compartilhada com vivacidade, humor fino e crítica afiada. Sentimos o propósito do autor em qualificar seu leitor; em lhe trazer luz sobre facetas do processo educativo que, embora elementares, frequentemente ainda não são compreendidas em sua plenitude.

O Senac São Paulo lança *Ensino excelente* com a convicção de auxiliar ensinantes e aprendentes no desenvolvimento dos saberes capazes de trazer satisfação profissional e pessoal – equilíbrio que traduz excelência não apenas no processo educacional mas também em todos os aspectos da vida.

PREFÁCIO
BERNARDETE A. GATTI

Prefácio sinaliza o sentido de "falar antes". Este prefácio tem sua razão no depois: depois da leitura do livro. Um livro *sui generis*, que toca em questões que muitos especialistas deixam de lado, como a de sinalizar possibilidades para um ensino nas escolas que faça sentido aos aprendizes, assumindo que não se pode conceber ensino sem aprendizagem e apontando caminhos viáveis para pensar um bom percurso nas ações pedagógicas. E vai além, ao nos brindar com uma perspectiva abrangente da educação e do ensino no país, em suas variadas formas, com foco em aspectos da realidade. De modo direto e conciso.

O autor socializa com este livro suas perspectivas e, com isso, deixa pontes para reflexões, discussões e debates. Tem o cuidado de definir os conceitos com que trabalha e apoia-se no concreto vivido para elaborar suas posições. Sua afirmação de que "ensino sem aprendizagem é um conjunto vazio" (página 27) pulsa em todo o texto e é o pensamento que propulsiona todas as suas proposições, análises e críticas. Assim, vai tecendo suas ideias desde o trato com as perspectivas associadas às palavras ensino, educação e aprendizagem, passando por questões da educação (formal, informal, não formal), da comunicação, da arte e de tecnologias, enfatizando a consideração dos aprendizes e os diferentes níveis de abrangência quando se consideram a educação – seja individualizada, em pequenos grupos e até as mais amplas –, o sistema nacional de educação e a humanidade como um todo. É direto em suas colocações e é claro em sua escrita. E, assim, discute as finalidades do ensino, o que sustenta sua discussão sobre qualidade *no* ensino e qualidade *na* aprendizagem tocando nos resultados efetivos destas, sempre concretizando suas proposições. Distingue sutilmente qualidade do ensino de qualidade da educação, o que abre perspectivas diferentes para a discussão das avaliações praticadas nas redes de ensino, bem como de seus instrumentos, indicadores e paradigmas educacionais. No centro, a preocupação com os aprendizes – suas características, os problemas de julgamentos precoces feitos pelos adultos sobre seus modos de ser e suas vidas, os problemas ligados à escolha de área de trabalho já no início da juventude.

Confronta ideias e representações mais usuais na área de educação e incisivamente nos põe em alerta quanto a vários aspectos que ficam em voga nos ambientes ligados ao ensino. Assim, o autor é provocativo em vários de seus posicionamentos. Exemplifico, como estímulo ao leitor: "É na escola que se realizam como prática efetiva ou se desvirtuam as teorias pedagógicas e as políticas educacionais" (página 40). Na página 54, ao falar sobre a legislação na área educacional no Brasil, afirma que o tema expõe "seu hermetismo, que ainda tenta conciliar correntes divergentes, fenômeno que o torna quase inócuo na prática cotidiana das escolas, dos professores e dos estudantes". Várias vezes toca em crenças ou mitos vigentes no pensamento educacional: "Nos meios educacionais, ainda é majoritária a crença um tanto ingênua de que a aprendizagem evolui da teoria para a prática. A maioria absoluta das pesquisas científicas controladas e da recuperação de fenômenos evolutivos da aprendizagem pela antropologia indica que é a mão que educa o cérebro, e não o contrário [...] Ensinar primeiro a 'teoria' para depois tentar aplicá-la já é uma distorção inicial" (página 87). Lembra: "Avaliação é um processo de múltiplas facetas. O professor que avalia está também sendo avaliado" (página 95). Na página 59: "A qualidade de qualquer oferta de ensino é sempre divulgada como 'de excelência', com garantias aparentemente objetivas, na propaganda de quem oferece". E assim prossegue, aqui e ali sinalizando pontos que problematizam questões ou mostrando facetas pouco examinadas relativas aos aspectos diversos de que trata.

A ideia de qualidade da educação é a que o preocupa, e isso já está colocado na sua primeira frase, na apresentação do livro. E essa não é uma questão simples, como reflete bem mais adiante: "Já afirmei antes que, em educação, a quantidade é condição inicial para a qualidade. A hoje laureada como saudosa, risonha e franca escola da infância dos septuagenários como eu e de outros 'xxários' ainda mais antigos só pode ter sido tudo isso para alguns poucos brasileiros que sobreviveram à exclusão que deixou a maior parte pelo caminho" (página 83). Excelência seletiva não é qualidade, é exclusão.

De fato, qualidade em educação já ocupou muito espaço nas discussões de pesquisadores, gestores e educadores. Encontramos conceitos que tomam como ponto de partida os fatores que influem nessa qualidade ou que a definem a partir dos seus efeitos, tomando-a como sinônimo de eficiência, ou de relevância – esta, colocada de modo vago, sem um caráter mais preciso. Falta nessas posições a consideração dos processos internos à escola no desenvolvimento do ensino. Falta a ideia de relação pedagógica e de tudo que essa relação implica como um processo de socialização, e faltam a discussão e a consciência clara das finalidades da educação escolar como guia e eixo integrativo das ações pedagógicas e dos fins visados. Mais integradamente, pode-se considerar que qualidade tem a ver com a relação entre o que se faz, o que seria possível fazer e o que seria desejável fazer em determinado contexto, considerando a interface de vários fatores. Dentro dessa ótica, a confrontação e a combinação dessa tríade poderiam dar lugar a um juízo de qualidade situado em um tempo-espaço, dando um sentido mais concreto e completo para a expressão "qualidade da educação". Nessa forma de pensar pode-se chegar à construção de critérios de qualidade que, pelo seu enfoque sociocultural, se diferenciarão dos que em geral são empregados. A base para a elaboração desse tipo de critério se encontra em posições contemporâneas que buscam construir propostas de análise sobre a questão tão controvertida da "qualidade da educação", procurando ir além do eficiente e do pragmático-imediato. Há alguns aspectos básicos a serem lembrados quando se pretende discutir qualidade da educação com uma posição que supere os reducionismos que se fazem presentes no trato dessa questão. Alguns desses reducionismos são lembrados neste livro.

No enfoque sinalizado acima, alguns aspectos precisam ser tomados como fundamento para discutir qualidade educacional. O primeiro é que educar e ensinar são fatos culturais, o que implica considerar os significados históricos na compreensão dos processos educativos, considerando os conflitos, as contradições entre os valores locais e os da cultura em geral, ou seja, é preciso inserir-se nos marcos de uma perspectiva cultural. Segundo, que qualquer que seja o tipo de relação pedagógica estabelecida dentro desse marco, o professor e suas ações têm papel central, e ele deve deter um saber e um saber fazer que aliem conhecimento à didática e às condições de aprendizagem para segmentos diferenciados, lembrando que a essência do processo de educação e ensino está na formação integral do aluno como pessoa. A formação integral implica entrelaçamento de processos cognitivos, afetivos, sociais, morais, dos conhecimentos, dos fazeres, das tomadas de decisão, da solução de impasses, da lida com as ambiguidades e as diferenças, do uso das técnicas ou de recursos diversos, etc., na direção de um pensar que possa distinguir fatos e questões, ter sentido crítico em direção à possibilidade de autonomia de escolhas. São perspectivas-guia que podem orientar outras modalidades de avaliação do processo educacional com características mais abrangentes e um olhar mais complexo sobre as resultantes dos anos de escolarização.

A educação escolar guiada apenas pelo lado cognitivo tem levado a questionamentos sobre o significado das próprias escolas. Adolescentes e jovens se mostram frequentemente desanimados diante de tantas matérias, descoladas umas das outras, e diante de tantas avaliações. Carvalho (2017, p. 1025), examinando o que se chama de crise das escolas, afirma que "um dos mais claros sintomas de crise nesse âmbito pode ser detectado pela dificuldade atual em se imputar à experiência escolar qualquer sentido existencial". Pensar qualidade da educação em outro gabarito, com novos valores, parece ser o desafio que nos está colocado, no que refere tanto às gestões como às dinâmicas curriculares e às avaliações educacionais.

Referência

CARVALHO, José Sérgio Fonseca de. Os ideais da formação humanista e o sentido da experiência escolar. **Educação e Pesquisa**, v. 43, n. 4, p. 1023-1034, out./dez. 2017. Disponível em: https://www.scielo.br/pdf/ep/v43n4/1517-9702-ep-S1517-97022016 10148595.pdf. Acesso em: 6 ago. 2020.

Bernardete A. Gatti, pedagoga com doutorado em psicologia na Université de Paris VII – Denis Diderot e pós-doutorados na Université de Montréal e na Pennsylvania State University, pesquisadora-consultora da Fundação Carlos Chagas. É titular da Cadeira 27 da Academia Paulista de Educação e membro do Conselho Estadual de Educação de São Paulo.

AGRADECIMENTOS

Sou inicialmente muito grato aos meus pais, tios, irmãs e professoras do antigo Grupo Escolar de Itirapina, que desde a infância ensinaram as bases do que aprendi para a vida, assim como aos professores e colegas de ginasial, colegial e faculdade, com quem avancei em reflexões sobre ensino, educação e aprendizagem.

Aos colegas do Senac São Paulo, do Centro Paula Souza e de outros locais onde trabalhei em atividades de consultoria, muito obrigado pelo muito que aprendi.

Agradeço à minha esposa, colega do curso de pedagogia e amiga de sempre, Olga Maria Salati Marcondes de Moraes, que muito me ensinou e ainda ensina, com o carinho e a braveza das boas e grandes mestras.

Aos meus filhos, Rafael Francisco Marcondes de Moraes e Gustavo Herminio Salati Marcondes de Moraes, a quem eu talvez tenha ensinado algo e com quem muito tenho aprendido, meu orgulho porque hoje já me superaram em carreira e produção acadêmica, e agora muito mais me ensinam.

Em relação à elaboração direta deste livro, agradeço especialmente aos amigos Francisco Aparecido Cordão, Claudiney Fullmann, José Antonio Küller e Flávia Feitosa, que participaram das reflexões iniciais e da organização do conjunto de ideias e temas. Agradeço, ainda, aos colegas que analisaram rascunhos preliminares do texto e contribuíram com importantes comentários, críticas e sugestões. Destaco as contribuições das professoras e amigas Sandra Machado Lunardi Marques, Similmar Fozato, Damaris Puga de Moraes e Marília Josefina Marino, e do amigo e ex-colega do Senac Juan Pablo Garulo Rico, além dos diversos docentes, supervisores e gestores do Senac São Paulo, particularmente das unidades de Campinas, Osasco e Sorocaba, nas quais houve grupos de discussão que validaram algumas reflexões e acrescentaram detalhes importantes para a composição final. Muito obrigado, Heloisa Gomes Ribeiro Vendramini, Claudia Lieko Itano Hiratsuka, Rodrigo Buzin Siqueira do Amaral e respectivas equipes.

Minha gratidão especial ao professor Francisco Aparecido Cordão, que muito contribuiu em todas as fases da elaboração do livro e ainda acrescentou um posfácio que o valoriza, à equipe da Editora Senac São Paulo, que ajudou a dar formato profissional aos meus rascunhos, e à professora Bernardete Angelina Gatti, que aceitou o convite para escrever o prefácio – o que muito me honra, em decorrência de seu reconhecido trabalho em prol da educação brasileira, com estudos brilhantes sobre formação de professores e avaliação educacional. Ao professor e grande formador de opinião Mario Sergio Cortella, muito obrigado pelas gentis e belas palavras que emolduram a capa deste livro e pelo precioso tempo dedicado à leitura prévia.

APRESENTAÇÃO

Comecei a refletir sobre qualidade na educação há mais de meio século, como estudante normalista. Frequentei o Colegial de Formação de Professores Primários no então Instituto de Educação "Joaquim Ribeiro", em Rio Claro, São Paulo. Aos 18 anos recém-completados, fui lecionar no Grupo Escolar de Itirapina, como "professor substituto efetivo", título um tanto paradoxal – a exemplo de tantos fatos e feitos na história da educação no Brasil. Ao mesmo tempo, estudava pedagogia na Faculdade de Filosofia, Ciências e Letras de Rio Claro. Logo após a graduação, em 1972, assumi uma classe de emergência em uma escola rural de Itirapina.

Era uma turma polivalente, com cerca de vinte estudantes ali matriculados na primeira, na segunda e na terceira série, e outros quatro, na quarta série. Pelas normas da época, uma classe de emergência só poderia ter estudantes até a terceira série. Os alunos da quarta série eram matriculados na escola do Sesi na cidade de Itirapina, em acordo negociado por mim com a diretora, que acumulava esse cargo com a função de professora da quarta série. Esses estudantes usavam o material didático e faziam as provas da Escola Sesi. A diretora do Sesi e eu cometemos essa "ilegalidade" para garantir que os estudantes pudessem concluir o ensino primário. Confesso o "crime" agora, pois creio que já prescreveu.

Entre os estudantes da primeira série, dois já eram repetentes havia dois anos. Eu não me conformava com aquilo, pois, quando dei carona em meu trator para um deles (cujos pais até me disseram que ele não levava mesmo jeito para estudar e que só servia para a enxada), percebi que o menino era muito esperto e inteligente. Ele sabia muito mais do que eu sobre os segredos da vida rural, que é também a minha origem. Conhecia vários pássaros pelo canto e pelas pegadas, identificava árvores comuns e até raras, animais silvestres e plantas diversas, por detalhes relevantes.

Essa constatação sobre a contradição entre um garoto inteligente e sua reprovação sistemática me angustiou muito. Pela primeira e única vez na vida, perdi o sono durante várias noites por causa dos desafios do meu trabalho. Reli livros e manuais do curso normal e do curso de pedagogia, conversei com colegas mais experientes, especialmente com a minha querida professora de primeira série, dona Carmen Vaz, ainda atuante na época. Usei várias técnicas diferentes das tradicionais para buscar que aqueles dois repetentes fossem alfabetizados junto dos outros dois ou três novatos na idade considerada certa.

Até hoje não sei direito o que funcionou, mas no final do ano **todos** estavam alfabetizados, e os dois repetentes puderam ir para a segunda série com boas chances de concluir a educação primária. Creio que o que mais ajudou foi a heterogeneidade da turma, fator normalmente considerado um problema. Lembro que eu chegava cerca de meia hora antes do início das aulas e colocava na lousa propostas de atividades para os estudantes das quatro séries e pedia aos mais avançados que ajudassem os das séries iniciais. Desconfio de que os estudantes da primeira série aprenderam muito mais com os da terceira e da quarta do que comigo. Recentes leituras, como as que tratam da famosa Escola da Ponte, de Portugal, reforçam minha desconfiança.

Em 1973, participei de um processo seletivo e fui admitido como orientador pedagógico no Senac Araraquara. No Senac aprendi a focar os resultados da aprendizagem verificável pelo desempenho como o principal indicador da qualidade do ensino. Aprendi, também, que é essencial ter cuidado com o entorno do processo didático para organizar o processo educativo mais amplo; que o envolvimento de pais e empregadores, especialmente no caso da educação profissional, constitui um complemento fundamental para garantir a excelência. Aprendi, ainda, que a atenção aos detalhes é crucial para chegar à excelência. Uma vez, em 1973 ou 1974, achei um tanto estranho que o então diretor regional do Senac no estado de São Paulo, em uma visita à unidade de Araraquara, retirou um pequeno cartaz em um quadro de avisos que estava colado com fitas adesivas transversais nos cantos e o recolocou com as fitas dobradas na parte de trás. Com isso, observei que em geral havia muito capricho com a limpeza e a organização de todos os ambientes. Os banheiros, as quadras esportivas, as salas e os laboratórios eram todos muito bem cuidados. Trabalhei ao longo de 34 anos em várias unidades do Senac. Nunca vi uma pichação nas paredes e nos muros permanecer mais do que um dia e uma noite. Raríssimas vezes houve pichações em banheiros ou paredes e muros externos. Quando isso ocorria, a limpeza era feita no mesmo dia. Uma vez vi uma rara pichação na parede externa de tijolos aparentes de uma unidade do Senac na Lapa, capital paulista. Mesmo com a dificuldade para recuperar esse tipo de parede, no dia seguinte ela já estava como nova. Esses detalhes ensinam pelo exemplo e diminuem muito a probabilidade de novos atos de vandalismo.

Atuei no Senac São Paulo até me aposentar, em 2007, e ainda depois como consultor e rabiscador de textos. Coordenei comitês de (gestão da) qualidade, grupos de trabalho sobre o tema e para planejamento de cursos, metodologias específicas e até da configuração inicial do atual Centro Universitário Senac. Nos meus períodos de atuação em conselhos de educação e como docente ou consultor em cursos para formação de instrutores e professores de educação profissional e de educação corporativa, tive oportunidade de refletir, vivenciar e até sofrer para buscar a excelência no ensino e na educação. Entretanto, nunca mais perdi o sono mais do que duas noites seguidas em decorrência de qualquer outro desafio profissional.

Este livro começou a ser pensado em 2013. Troquei ideias com alguns amigos e interessados no tema. O primeiro interlocutor foi Claudiney Fullmann, que no início dos anos 2000 atuou como consultor do Senac São Paulo no projeto estratégico de gestão da qualidade educacional, do qual eu era o coordenador interno no grupo de trabalho para estudos e discussões sobre o tema. Posteriormente, mantive algumas conversas com outros parceiros de trabalho: José Antonio Küller, com quem atuei em projeto de qualidade educacional para a Representação da Unesco no Brasil, com foco mais específico na proposição de protótipos para currículos integrados no ensino médio e na educação profissional; Flávia Feitosa, que atuou conosco em equipe da Gerência de Educação Profissional e publicou o livro *A dinâmica da aplicação do termo qualidade na educação superior brasileira*, fruto de sua tese de doutorado. Tivemos algumas conversas em duplas ou trios, mas foi inviável realizar reuniões de pauta, em função de agendas comprometidas e algumas diferenças essenciais nos enfoques prioritários dos parceiros. Finalmente, após conversas com Francisco Aparecido Cordão, parceiro de muitas outras atividades na área educacional, cheguei a um roteiro estruturado para o livro. Outras prioridades me levaram a deixar esse projeto hibernando.

Retomei a ideia no segundo semestre de 2019. Optei por escrever sozinho e realizar conversas presenciais e virtuais com alguns grupos para melhor organizar o tema central e os subtemas de cada capítulo.

Optei, também, por um livro mais curto, em linguagem menos complicada e raríssimas citações diretas. A lista de referências é longa, para que os interessados possam completar as brechas e aprofundar suas reflexões. Essa extensa lista indica que ao longo da vida já longeva li muitos livros, artigos, ensaios, notícias e outros materiais sobre ensino, educação, aprendizagem e temas conexos. Muitos materiais li integralmente, grifei, fiz anotações à margem, escrevi algo a respeito. Reli alguns para escrever este livrinho. Folheei muitos outros, quase todos da lista. Participei, também, de muitos cursos, palestras, congressos, debates e práticas sobre ensinar e aprender. Segui dicas do que entendi de textos e palestras de Rubem Alves, que foi meu professor em uma disciplina optativa na Faculdade de Filosofia, Ciências e Letras de Rio Claro, logo que ele retornou do doutorado que concluiu nos Estados Unidos da América, em 1969. Dizia ele algo assim: "Leia para formar suas próprias ideias e não para reproduzir ideias alheias". Obviamente, muitas das minhas ideias, como a assimilada com essa dica, são inspiradas pelo que aprendi com ideias acumuladas pela experiência humana e expressas em textos que li e interpretei ao meu modo, em releituras adequadas ou que distorceram a intenção dos autores, nas relações com o que vivi e experimentei. Foi o que conseguiram me ensinar, ao longo dos mais de setenta anos que já vivi.

Espero ter mais alguns anos para aprender o que é certo, se isso for algo mais do que utopia. Enquanto isso, vou curtindo o que julgo belo e me apraz. Se tiver alguma utilidade, tanto melhor.

Espero que a leitura seja leve e de alguma utilidade e satisfação para os que escolheram ler este livrinho ou que por algum fato do destino profissional se sintam obrigados a isso.

1

ENSINO, EDUCAÇÃO E APRENDIZAGEM

CONCEITOS ESSENCIAIS QUE SE ENTRELAÇAM E APRESENTAM MUITA INTERDEPENDÊNCIA. APRENDIZAGEM DEVE SER O ELEMENTO CENTRAL, QUE INFORMA SOBRE O SUCESSO OU O FRACASSO DE ENSINO E DA EDUCAÇÃO.

Ensino, educação e aprendizagem costumam ser confundidos em muitos textos e projetos, o que é um desserviço ao conjunto das ações e à avaliação mais precisa dos resultados esperados. Este capítulo apresenta um resumo dos principais aspectos de cada conceito e suas relações.

Neste livro, a palavra **ensino** é utilizada para definir ações deliberadas de uma pessoa ou grupo de pessoas para obtenção de aprendizagem por outra pessoa ou grupo de pessoas. A etimologia desse termo – *in*, "em", mais *signum*, "marca, sinal" – já sugere que há muitas responsabilidades na atividade nos campos da ética, da sociologia, da psicologia e do direito, por exemplo. Alguns autores entendem que ensino é um conceito que pressupõe direcionamento autoritário ou de mão única no sentido do professor que sabe para o aluno ou estudante que não sabe. Discordo dessa interpretação, que é referente à forma tradicional antiga de ensinar só com base em aulas expositivas. Isso pode se aplicar também ao conceito de educação.

Educação está descrita como "ato ou processo de **educar**", verbo que na primeira acepção no dicionário Houaiss é definido como "dar a (alguém) todos os cuidados necessários ao pleno desenvolvimento de sua personalidade" (HOUAISS, 2009, p. 1101). Nessa acepção, aqui utilizada, a **educação** é caracterizada como processo mais abrangente do que o ensino, embora também orientado para os resultados de aprendizagem.

Aprendizagem é aqui tratada como a incorporação individual de conhecimento – informações, habilidades práticas, compreensão de fatos e fenômenos, valores. Sua origem também é latina, derivada do verbo **aprender**, de *ad*, "junto", mais *prehendere*, com o sentido de "levar para junto de si". A aprendizagem pode ocorrer com ou sem uma relação causal direta com os processos mais restritos do ensino ou mais abrangentes da educação. É possível que um indivíduo aprenda apenas pela sua relação com o ambiente, embora a maior parte das aprendizagens seja decorrente de reações a estímulos deliberados de ações de ensino ou a contextos estruturados pelo conjunto de oportunidades propiciadas pelos meios educacionais de um dado contexto social.

A interdependência entre ensino e aprendizagem é mais direta. Entretanto, não é simples avaliar se alguma aprendizagem decorre apenas do ensino ou se é também resultante de outras interações no contexto educacional e social mais amplo.

Desconfio de que muitos autores preferem a palavra "educação" para processos mais restritos da ação educativa (ensino) porque a consideram mais digna para definir atividades que merecem mais respeito e deferência social. Isso é compreensível, embora eu não acredite que isso funcione, pelo menos aqui no Brasil. A evolução do uso mais hegemônico da expressão "ensino por correspondência" para "educação a distância", por exemplo, denota essa minha hipótese.

Aqui, utilizo "ensino" para definir o conjunto de ações mais diretamente inerentes à oferta de serviços educacionais. Isso poderá possibilitar, por exemplo, analisar os resultados de aprendizagem como decorrência do ensino e procurar distinguir o que pode ser resultante de outras variáveis do conjunto de oportunidades e situações que influenciam o processo de aprendizagem, inclusive aqueles que se contrapõem ao currículo oficial e aos objetivos declarados no planejamento de ensino.

O tema será abordado em outros capítulos, em especial quando tratarmos de avaliações estruturadas de sistemas de ensino e da comparação entre realidades muito distintas, como nos exames internacionais de estudantes e em classificações com *rankings* realizadas pela imprensa e por diversos agentes ao redor do mundo.

Ensino sem aprendizagem é um conjunto vazio. É como venda sem compra, semeadura sem germinação. Se o estudante não aprendeu, apesar de eventuais esforços e até de reconhecida competência técnica, o professor não conseguiu ensinar. A "culpa", se houve, é outra conversa. Pode ter sido do estudante, do ambiente ou mesmo do planejamento inadequado do ensino. Se apenas um estudante ou alguns poucos entre uma centena não aprenderam um dado conteúdo ou habilidade que foram adequadamente aprendidos pelos demais, o ensino falhou para aquele único ou para aqueles poucos. Isso pode e deve ser explicado em análise mais detalhada da situação, para informar novos planejamentos. Havia um estudante chinês que migrou fazia pouco tempo e ainda não entende português? Estava doente, com febre e delírios? Faltou às aulas essenciais? Não **queria aprender** (a rezar o credo, por exemplo, porque é budista ou ateu?). Seja qual for o motivo ou os motivos da falta de aprendizagem proposta ou desejada, isso precisa ser analisado, assim como um bom médico analisa por que uma medicação não surtiu o efeito esperado e redefine o tratamento. A biologia dá respostas inesperadas. A combinação de biologia com psicologia, sociologia, preconceitos e até um pouco de magia, característica da pedagogia e do ensino, pode apresentar muito mais surpresas, para o mal ou para o bem. Atenção constante, perseverança e até um tanto de fé são demandas comuns para quem atua nesse importante segmento.

O conceito de ensino está contido no conceito de educação. Assim, o ensino também pode ser enquadrado como parte da educação **informal**, da **não formal** ou da **formal**.

A maior parte das ações educacionais para a maioria das pessoas está na categoria **informal**, em que há poucas regras específicas para as respostas a perguntas essenciais do processo ensino-aprendizagem:

- » **para quê?**
- » **por quê?**
- » **quem?**
- » **o quê?**
- » **como?**
- » **quando?**
- » **onde?**
- » **quanto?**

A educação e o ensino **informal** ocorrem durante a vida toda, de permeio a quase todas as relações interpessoais e grupais. Grande parte das interações humanas envolve pelo menos algum pequeno processo comunicacional em que alguém ensina e alguém aprende. Normalmente, todos os agentes da interação aprendem e ensinam algo, embora raramente isso seja consciente. A informalidade é, ao mesmo tempo, um risco e uma vantagem desses fenômenos. Quando um dos agentes do processo comunicacional tem maior consciência do fenômeno e de suas variáveis, o processo pode ser manipulativo e desonesto. Por outro lado, o descompromisso com resultados que possam levar a castigos ou humilhações permite que a aprendizagem seja mais espontânea e prazerosa.

Na educação **não formal**, as regras são definidas com boa liberdade de critérios para acesso, permanência e enfoques. As principais atividades de ensino não formal são oferecidas principalmente por organizações não governamentais (ONGs), como ações complementares ou compensatórias para suprir demandas não atendidas adequadamente pela estrutura formal de ensino. Muitas inovações na metodologia de ensino e nos encaminhamentos eficazes para a excelência na aprendizagem são ensaiadas e testadas na educação não formal, exatamente porque nessa modalidade o ensino sofre pouca regulamentação.

A educação **formal** é a que mais frequentemente está associada ao ensino planejado e estruturado, com controle governamental, leis e outras normas regulamentadoras. É exatamente isso que a caracteriza como formal. No Brasil, essa educação formal é obrigatória dos 4 aos 17 anos de idade, como garantia constitucional de direito público e de gratuidade para os estudantes e seus responsáveis. Sua oferta deve ser garantida pelos entes federados – municípios, estados, Distrito Federal e União –, em regime de colaboração e complementaridade. A educação infantil, para crianças de 4 e 5 anos de idade, e o ensino fundamental, entre os 6 anos e os 14 anos, estão prioritariamente sob responsabilidade dos municípios. O ensino médio, dos 15 aos 17 anos, está sob responsabilidade prioritária dos estados e do Distrito Federal, neste último caso cumulativamente com o ensino para as crianças e os adolescentes. O ensino básico é majoritariamente realizado pelo poder público, especialmente por estados e municípios. Menos de 20% da oferta acumulada de ensino infantil, ensino fundamental e ensino médio estão sob controle da iniciativa privada (INEP, 2020a).

O ensino superior está prioritariamente no foco do governo federal, que tem sua rede própria e também supervisiona diretamente todas as instituições privadas. A oferta do ensino superior de graduação no Brasil é, ao contrário da do ensino básico, majoritariamente privada. De acordo com o Censo da Educação Superior de 2018 (INEP, 2019a), do total de 8.450.755 matrículas, 6.373.274 (mais de 75%) foram em instituições privadas, e 2.077.481 (menos de 25%), em instituições públicas.

Embora também haja obrigatoriedade de garantir a educação básica para quem não conseguiu completar sua aprendizagem na idade considerada certa (até os 17 anos), na prática essa população ainda não é atendida adequadamente. O "regime de colaboração" entre governo federal, estados e municípios deveria garantir isso. Com três "donos", o ensino supletivo (fora da chamada idade certa para cada faixa de escolaridade) sempre foi um entrave à excelência geral da aprendizagem, pela baixa quantidade de atendimentos (em relação à necessidade e à demanda) e pela pouca eficácia do ensino oferecido, avaliada pela insuficiente aprendizagem realizada pelos estudantes que conseguem acesso.

Ensino, educação e comunicação

Ensino e educação são processos essencialmente comunicativos. Obter excelência nos resultados de aprendizagem tem como pressuposto fundamental seguir os princípios da comunicação eficaz. Comunicação envolve informação e significado, linguagem comum entre transmissor e receptor, além de interações constantes para garantir alguma eficácia entre intenção e resultado. No caso do ensino, a proximidade ou o distanciamento etário e de referências culturais entre professor e estudantes são importantes fatores intervenientes a considerar. A mediação da aprendizagem pelo professor constitui um fator fundamental para conferir e ajustar os resultados da comunicação efetivamente realizada. Isso envolve atenção constante para percepções e reações individuais e coletivas dos estudantes. Envolve, também, uso de recursos comunicacionais diversos, com objetivos redundantes e complementares. Considerar as percepções e decodificações variadas dos estudantes e combinar esses resultados com trocas entre eles – em duplas, em subgrupos ou com a turma toda – pode facilitar os ajustes comunicacionais e ampliar a excelência dos resultados de aprendizagem.

A importância da comunicação no ensino (informal, não formal e formal) remete a outra constatação: as artes em geral também são meios de comunicação em sua essência. A exposição e o envolvimento dos estudantes com manifestações e produtos artísticos podem reforçar aprendizagens, além de frequentemente tornar o processo mais agradável ou menos sofrido. Na prática, a exposição natural às manifestações artísticas e culturais atualmente presentes na sociedade, em programas de TV, na internet, nas mídias sociais e nos eventos em geral já proporciona algum ensino-aprendizagem relevante, embora frequentemente fora do foco mais aceito como caminho da excelência qualitativa em educação.

A educação formal pode e deve mediar a integração cognitiva melhor estruturada entre o currículo escolar e as aprendizagens proporcionadas pelas manifestações artísticas e culturais localmente apresentadas, comunicadas em tempo real pela mídia ou recuperadas do estoque histórico da humanidade. Essa mediação deve ser orientada para que os estudantes desenvolvam autonomia intelectual e habilidades cognitivas críticas em relação às diferentes manifestações artísticas e culturais.

Em todas as modalidades, bem como em todos os níveis e graus de abrangência do ensino e da educação, a interdependência das ações de ensino e de aprendizagem é o ponto central para a excelência de resultados. Gosto muito de uma frase bastante citada de Guimarães Rosa em *Grande sertão: veredas*, afirmada como fala do jagunço Riobaldo: "**Mestre não é quem sempre ensina, mas quem de repente aprende**" (ROSA, 2001, p. 326). Li essa citação em muitas epígrafes e até no corpo de muitos textos sobre educação, mas em nenhum deles encontrei a referência precisa. Reli mais duas vezes a obra-prima que já tinha lido quando jovem, até encontrar a página exata da frase. Há outras frases talvez até mais importantes para temas educacionais nesse grande romance nacional. Se alguém ficar motivado a comprar o livro do Guimarães Rosa e ler para conferir se minha citação está correta, já terá sido válido o investimento neste livrinho. Minha escolha da citação é porque tenho, entre minhas raras convicções, a certeza de que quem bem ensina aprende ainda mais. Gostar de aprender é condição essencial para quem pretende ensinar. Nos muitos processos seletivos para contratar docentes que gerenciei ao longo da vida, um dos principais indicadores de competência didática que eu procurava confirmar eram a disposição e o interesse em sempre aprender. Desconfio muito de professores que sentam sobre seu currículo pleno de títulos e afirmam que já sabem tudo. Se nada mais precisam aprender, tenho poucas dúvidas de que tampouco conseguirão ensinar algo significativo para alguém. No máximo, poderão ser "dadores de aulas" – jamais mestres.

2
NÍVEIS DE ABRANGÊNCIA DO ENSINO

MUITOS TEXTOS TRATAM DE ENSINO OU DE EDUCAÇÃO DE MODO GENÉRICO, SEM FOCAR OS APRENDIZES. CREIO QUE HAJA ALGUMAS DIFERENÇAS A CONSIDERAR E COMPLEXIDADE CRESCENTE QUANDO O FOCO DA ABRANGÊNCIA É AMPLIADO, A PARTIR DO INDIVÍDUO PARA A HUMANIDADE.

Neste capítulo, analisaremos os diversos níveis de abrangência das ofertas de ensino:

1. Atendimento individual.
2. Duplas de aprendizagem.
3. Pequenos grupos.
4. Classe ou turma.
5. Escola.
6. Rede de escolas.
7. Sistema nacional de ensino (municípios, conjunto de municípios, estados, conjunto de estados ou regiões nacionais, país, grupo de países).
8. Humanidade (conjunto das nações).

ABRANGÊNCIA DO ENSINO

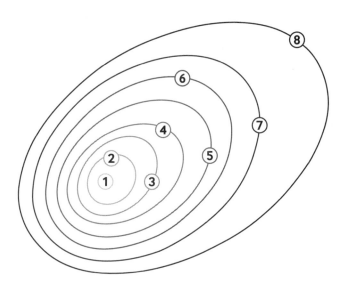

1. Atendimento individual
2. Duplas
3. Pequenos grupos
4. Classe/turma
5. Escola
6. Rede de escolas
7. Sistema nacional
8. Humanidade

Atendimento individual

O ensino individual é o mais usual na vida da maior parte das pessoas que aprendem. Começa com a relação entre mãe (e/ou pai) e filho, logo após o primeiro choque do recém-nascido com o ambiente hostil fora do útero materno. Nesse nível, em sua fase inicial, de fato ensino e educação se confundem de modo muito mais efetivo. Essa relação direta entre ensinante e aprendente pode e deve ser a mais completa em suas possibilidades de interação. Nos casos de maior sucesso, quase sempre ambos aprendem. Isso ocorre, por exemplo, mesmo quando a mãe é especialista na área, como no caso de uma mãe pediatra com seu primeiro filho. Os aspectos emocionais envolvidos abrem perspectivas de interesse e de curiosidade para acelerar aprendizagens.

Muitas outras ocorrências de ensino individual estão presentes na vida educacional dos aprendizes e dos professores (aqui em sentido amplo, melhor expresso no espanhol como *enseñantes*). Paradoxalmente, a escola é um dos ambientes em que essa relação direta atualmente é um tanto menos comum, mas o modelo de tutor ou preceptor individual e aprendiz foi muito importante na história da educação formal estruturada, especialmente no ensino destinado aos príncipes, nobres e burgueses em ascensão.

Muitas profissões têm o ensino individual como fundamento de sua prática, muito importante nos ofícios de artesãos e artistas, em que a relação entre mestre e aprendiz constitui o eixo central do processo ensino-aprendizagem. Também na medicina, até hoje, a figura do "preceptor" é muito forte e valorizada. Todas as atividades que têm a "consulta" como prática relevante incluem o ensino individual como ação essencial do desempenho profissional. Alguns exemplos: médicos, psicólogos, consultores, vendedores, administradores e **até** professores. O reconhecimento social de um médico clínico é muito fortemente baseado na avaliação do seu desempenho didático para explicar adequadamente diagnósticos e prognósticos aos seus pacientes ou aos familiares.

Duplas de aprendizagem

A exemplo do ensino individual, o ensino em duplas é muito comum nas famílias, a partir do segundo filho. Atualmente, no ambiente familiar a abrangência do ensino vem se concentrando no ensino individual e no ensino em duplas, pois cada vez menos famílias têm filhos suficientes para um time misto de basquete sem reservas (embora os jovens estejam cada vez mais altos). Esse segundo nível de abrangência traz como oportunidade relevante a possibilidade de aproveitar as vantagens das interações máximas entre os dois aprendizes para facilitar a aprendizagem de ambos e o diagnóstico comparativo (avaliação) da eficácia das técnicas de ensino e dos recursos comunicacionais utilizados.

Na educação corporativa é também bastante frequente – e adequado – que um supervisor, tutor ou mentor organize situações de ensino-aprendizagem com duplas de aprendizes. Isso ocorre também no cotidiano das empresas, em processos informais de ensino, em situações não caracterizadas como educação corporativa. No ensino formal regular, do infantil maternal à pós-graduação, as duplas de aprendizes são caracterizadas como componentes de técnicas de mediação muito eficazes no processo didático.

Pequenos grupos

Ocorrem em diversas técnicas de ensino formal, nas escolas, e no ensino não formal e no informal, em igrejas, empresas, famílias, clubes, associações e muitas outras situações da vida social em geral. O ensino organizado em pequenos grupos torna possível a utilização de técnicas ativas de aprendizagem, propiciando diversas formas de interação entre os estudantes. Com isso, há possibilidades diferentes e complementares de mediação do processo de aprendizagem.

Classe ou turma

Classes ou turmas configuram as formações mais típicas do ensino formal escolar. Normalmente são organizadas com base em critérios seletivos que incluem variáveis como faixa etária, nível de desempenho nos estudos em pauta, matérias ou disciplinas curriculares e interesses específicos em temas ou atividades. Os critérios para organizar as turmas podem facilitar ou dificultar a eficácia da aprendizagem.

Homogeneidade e heterogeneidade das turmas são fatores importantes a considerar na definição de técnicas de ensino. A homogeneidade favorece as técnicas menos ativas, pois é mais fácil para o professor acertar seu discurso para maior eficácia da comunicação. Turmas heterogêneas têm maior potencial para atividades grupais, nas quais uns aprendem com os outros, além do professor, que também pode aprender muito mais enquanto ensina. Entretanto, é muito mais difícil ajustar uma comunicação que tenha entendimento mais congruente com a intenção.

Escola

A escola é o nível intermediário nos processos de ensino. Acolhe os estudantes quando normalmente eles já aprenderam a entender e falar o idioma local, além de já estarem com a parte mais importante da educação da primeira infância razoavelmente encaminhada. É a etapa mais estruturada dos processos de ensino, que começa cada vez mais cedo na vida dos estudantes e termina cada vez mais tarde, ou só termina junto com a vida de cada aprendiz. É na escola que se realizam como prática efetiva ou se desvirtuam as teorias pedagógicas e as políticas educacionais.

A excelência qualitativa de resultados da aprendizagem de um dado conjunto de estudantes de um município, estado ou país geralmente guarda maiores organicidade e congruência dos discursos, leis e normas com as práticas efetivas em cada escola e no conjunto das escolas correspondentes.

Na escola convivem em comunidade professores, gestores, membros de equipes de apoio e, principalmente, os estudantes. Os familiares e o entorno geográfico ou de grupos com interesses diversos completam essa comunidade. Todos os integrantes dessa comunidade podem e devem articular-se no planejamento do ensino, em processo de negociação para definir o **projeto pedagógico escolar**. A consistência desse projeto pedagógico e o grau de adesão a ele por parte dos diversos atores da comunidade escolar constituem uma das principais estratégias para buscar a excelência na aprendizagem dos estudantes, além de proporcionar aprendizagem institucional coletiva que permite e acelera as possibilidades de um ciclo virtuoso de desenvolvimento coletivo.

Rede de escolas

Atualmente, é cada vez mais comum a existência de redes de escolas. No caso da oferta de ensino público, há redes municipais, estaduais e federal ou nacional, em cada país. Há, ainda, sub-redes específicas agrupadas por critérios diversos. Por exemplo, redes de escolas de ensino profissional, de escolas militares, de ensino superior tecnológico ou de bacharelados e licenciaturas. No ensino privado, há redes de escolas confessionais, comunitárias e ofertas por outras organizações sem fins lucrativos, além das empresas que oferecem ensino como um negócio, que é cada vez mais lucrativo em alguns contextos, por motivos elogiáveis ou criticáveis.

Sistema nacional de ensino

As ofertas de ensino são estruturadas e reguladas em sistemas nacionais de ensino, com maior ou menor articulação com subsistemas. Isso ocorre no Brasil e em muitos outros países. É mais comum que esses sistemas sejam denominados **sistemas de educação**, abrangência conceitual ampliada que muitas vezes fica apenas no nome.

A Constituição da República Federativa do Brasil de 1988, em sua versão atualizada com diversas emendas, ainda define que o Sistema Federal de Ensino (SFE) deve ser articulado com os sistemas estaduais de ensino (aí incluído o Distrito Federal) e com os sistemas municipais de ensino. Essa articulação ainda é precária em diversos aspectos, o que traz ruídos e desgastes que geram desperdícios e menor eficácia para atingir objetivos e compromissos.

A Lei de Diretrizes e Bases da Educação Nacional (LDB), Lei nº 9.394, de 20 de dezembro de 1996, que já sofreu diversos remendos que proporcionaram alguns avanços e pelo menos outros tantos retrocessos, é a base definidora do ensino formal e dos sistemas de ensino no Brasil. O Conselho Nacional de Educação (CNE) interpreta dispositivos da LDB e define normas gerais para todos os sistemas de ensino e normas específicas para o Sistema Federal de Ensino.

O Sistema Federal de Ensino é constituído pela rede federal de instituições de ensino superior, pelas redes de educação básica e de educação profissional criadas e mantidas pela União, além das instituições privadas de ensino superior em todo o Brasil.

Os sistemas estaduais de ensino são integrados pelas redes de escolas de educação básica e superior gerenciadas diretamente pelas unidades federativas (estados e Distrito Federal). Todos os sistemas estaduais têm um Conselho Estadual de Educação que interpreta e detalha, para as realidades regionais, as normas gerais da LDB e de outras leis ou normas, bem como as normas gerais definidas pelo Ministério da Educação (MEC) e pelo Conselho Nacional de Educação. As escolas privadas de educação básica são também sujeitas às normas do Conselho Estadual de Educação correspondente à sua localização. Estados que mantêm universidades públicas também têm sob a gestão do respectivo conselho estadual as instituições próprias de ensino superior e eventuais instituições municipais de ensino superior que atuem em seu território.

Os sistemas municipais de ensino gerenciam as escolas mantidas em cada um dos 5.570 municípios do Brasil. Destes, pelo menos 85% têm um Conselho Municipal de Educação, o qual deve coordenar as políticas públicas para a educação infantil e para o ensino fundamental em seu território. Os municípios que ainda não organizaram seu conselho devem responder diretamente ao conselho estadual da unidade federativa em que se situam.

Humanidade

A humanidade como um todo também tem diretrizes globais para a educação em geral, com indicações mais específicas para as ofertas de ensino. A gestão dessas diretrizes é parte do trabalho da Organização das Nações Unidas (ONU). A gestão das atividades da ONU em relação à educação é coordenada pela Organização das Nações Unidas para a Educação, a Ciência e a Cultura (Unesco). A inclusão da ciência e da cultura no foco das ações ligadas à educação amplia e enriquece as possibilidades de proposição de estudos e diretrizes que de fato possam transcender as atividades mais restritas da oferta de ensino pelos países membros da ONU.

Considero que o principal documento de referência internacional para a educação e o ensino é o famoso relatório para a Unesco da Comissão Internacional sobre Educação para o Século XXI (DELORS, 2010). Esse relatório, também simbolicamente denominado "Um tesouro a descobrir", apresenta os quatro pilares da educação, aplicáveis a toda a humanidade e expressos com os principais objetivos e desafios de aprendizagem para os estudantes de todos os países do mundo: **aprender a conhecer, aprender a fazer, aprender a conviver e aprender a ser**. Trataremos desses pilares com algum detalhamento no capítulo 3.

Implicações dos níveis de abrangência

Os níveis de abrangência do ensino trazem algumas implicações ao planejamento das atividades para evitar descompassos na prática educativa e perdas de qualidade no processo.

A ação de um professor, por exemplo, pode prejudicar ou ser prejudicada em relação ao conjunto de ações da escola em que atua, caso seja contraditória ou desconsidere o projeto pedagógico escolar quando existente de fato e fruto de debate com participação consistente dos atores do processo ensino-aprendizagem. O mesmo ocorre com as discrepâncias entre as diretrizes nacionais, estaduais e municipais ou entre as diretrizes de uma rede de escolas e as práticas e orientações de uma ou algumas das escolas da rede. Isso não significa que o centralismo autoritário seja necessariamente melhor do que a autonomia. Significa, entretanto, que há prejuízos para a excelência qualitativa quando ocorre anarquia estrutural na gestão dos sistemas de ensino, das escolas e das ações individuais dos docentes nas escolas em relação às diretrizes nacionais, estaduais e municipais e aos projetos pedagógicos locais. A busca da excelência qualitativa na aprendizagem e no ensino, por decorrência, depende de foco claro e atenção convergente nos diferentes níveis de abrangência.

Ouso afirmar que pelo menos boa parte do relativo fracasso de resultados de aprendizagem dos estudantes brasileiros em avaliações nacionais e internacionais decorre de ruídos e divergências de orientações nos diversos níveis de abrangência da oferta de ensino nos sistemas e redes e até mesmo na gestão dos processos nas escolas individuais ou dos diferentes professores de uma mesma turma de estudantes. Essas divergências levam a desperdícios por anulação mútua de esforços e por desinteresse dos estudantes, que ficam perdidos pela anarquia percebida na definição de prioridades e orientações.

3
FINALIDADES DO ENSINO

O ENSINO SEMPRE TEM FINALIDADES E OBJETIVOS, EMBORA ALGUMAS VEZES QUEM ENSINA NÃO TENHA PLENA CONSCIÊNCIA A RESPEITO. A EXCELÊNCIA NOS RESULTADOS DA APRENDIZAGEM DEPENDE DA CONSCIÊNCIA E DA CONCORDÂNCIA DE QUEM ENSINA E DE QUEM DEVE APRENDER EM RELAÇÃO ÀS FINALIDADES DO PROCESSO ENSINO-APRENDIZAGEM.

As finalidades do ensino, como parte dos propósitos da educação em cada nível da oferta, envolvem perspectivas da administração, da biologia, da economia, da filosofia, da política, da psicologia, da sociologia.

Nos níveis mais diretos da abrangência – como no caso de uma mãe que ensina o filho a dar os primeiros passos ou do colega de trabalho que ensina outro a ligar uma máquina e cuidar dos aspectos básicos da operação –, as finalidades do ensino são mais óbvias e a aprendizagem é mais fácil de verificar e avaliar. Quanto maior a sofisticação da abrangência e das variáveis envolvidas, menos simples fica a certeza sobre as finalidades e os objetivos do ensino a ser realizado e sobre como avaliar os resultados de aprendizagem.

No meu curso de pedagogia, foi essencial a filosofia da educação. Nos sistemas de ensino, normalmente quem rege a orquestra são administradores, economistas e políticos. Esse é o forte embate de valores que sempre existiu na definição das finalidades e dos objetivos da educação, que em seu bojo disciplinam principalmente as práticas de ensino e a organização prévia dos ambientes de aprendizagem e dos currículos.

Os processos estruturados de ensino precisam responder a algumas perguntas essenciais, comuns ao planejamento na maioria das atividades humanas:

- » **para quê?** (finalidades e objetivos).
- » **por quê?** (justificativas e motivos da ação proposta).
- » **quem?** (quem oferece, paga ou recebe, avalia: professores, financiadores, estudantes; inclui pré-requisitos, processo seletivo de entrada).
- » **o quê?** (conteúdos do ensino e atividades de aprendizagem).
- » **como?** (metodologia, recursos comunicacionais, formas de avaliação).
- » **quando?** (datas de início e término, horários, prazos).
- » **onde?** (locais físicos, limites jurisdicionais).
- » **quanto?** (duração, custo, preço pago).

A resposta a essas questões indica o grau de flexibilidade do processo de ensino, em sentido mais estrito (oferta dos serviços), ou do processo educacional, em sentido ampliado. O que é atualmente definido como educação a distância (EAD), por exemplo, apresenta maior flexibilidade nas respostas às perguntas "Quando?" e "Onde?" do que os cursos presenciais. Entretanto, um curso livre presencial de noções de cidadania pode ser muito mais flexível do que qualquer curso de graduação por EAD em relação à resposta para a pergunta "Quem pode participar?".

O comentário do parágrafo anterior é fundamento para análises mais consistentes sobre avaliação de ofertas de ensino, a fim de melhor posicionar avaliações criteriosas com base em evidências e com o controle possível dos preconceitos que interferem em todos os julgamentos humanos.

A flexibilidade de algumas variáveis pode ser uma vantagem evolutiva do ensino no rumo da excelência. Entretanto, um dos requisitos da excelência é o rigor em algumas especificações dos resultados esperados. Isso sugere movimentos contraditórios quanto às vantagens da flexibilidade. Equilibrar as tensões entre esses e outros movimentos nas diversas variáveis e em suas combinações é o que caracteriza a grande complexidade na gestão da qualidade do ensino e na avaliação da qualidade da educação, em sentido mais amplo, verificável por meio da avaliação dos resultados efetivos de aprendizagem.

Neste capítulo, o foco será mais concentrado nas possíveis respostas às questões "**Ensinar e aprender para quê?**" e "**Ensinar e aprender por quê?**". Essas perguntas tratam das **finalidades** e dos **objetivos** do ensino, em todos os seus níveis de abrangência e de aprofundamento, da creche à pós-graduação.

Em todos os níveis de abrangência das ofertas de ensino, há pelo menos dois movimentos complementares para caracterizar suas finalidades:

» a orientação para o indivíduo que aprende;
» a orientação para a sociedade em que cada indivíduo ou conjunto de indivíduos (grupo, comunidade, país, humanidade) está inserido em um dado momento histórico ou ao longo da história de um povo ou de uma civilização.

A combinação desses dois movimentos e de outros fatores e interesses intervenientes tornam o processo bastante complexo. Isso gera conflitos e demanda negociações, lutas, perdas e ganhos.

O grupo de finalidades e objetivos educacionais mais orientados para o indivíduo que aprende pensa no educando como um sujeito de direitos. Isso envolve direito à vida, à saúde, à aprendizagem dos meios para subsistência e para alcançar felicidade, algo quase indefinível com objetividade.

Gosto de uma reflexão várias vezes repetida por Rubem Alves, em textos que li e palestras a que assisti, como dois grupos de saberes que estruturam as finalidades e os objetivos de aprendizagem pela perspectiva dos indivíduos que aprendem: saberes da "caixa de ferramentas" e saberes da "caixa de brinquedos". O grupo de saberes da caixa de ferramentas, mais usualmente definidos como "competências" nos sistemas formais de ensino e nos contextos profissionais, são os saberes (conhecimentos, habilidades, atitudes e valores pessoais) úteis para a sobrevivência e para a garantia de um certo padrão de vida ao indivíduo e aos que dele dependem. A caixa de brinquedos inclui saberes para deleite pessoal, como música, esportes, literatura, artes em geral. Quando o aprendiz consegue conciliar seus interesses e integrar saberes das duas "caixas", suas possibilidades de satisfação – profissional e pessoal – são muito ampliadas. Afirmo, aqui, que essa congruência e esse equilíbrio também formam um dos caminhos mais positivos para chegar à excelência na aprendizagem com mais prazer do que sofrimento. A participação dos estudantes na escolha dos objetivos pode ajudar muito na busca desse equilíbrio.

O segundo grupo de finalidades e objetivos de ensino é o principal limitador do potencial de alcance de resultados do primeiro grupo. Logo, aí se concentra o primeiro foco de tensões conflitantes. Os professores e as escolas concentram responsabilidades por atender a expectativas muitas vezes antagônicas de estudantes, familiares, gestores locais, empresas, gestores políticos e outros agentes. Isso leva escolas e professores a serem vistos ora como panaceia que poderá resolver todos os problemas sociais e individuais, ora como causa primeira da maior parte dos problemas.

As lideranças sociais que dominam qualquer época histórica (família, clã, tribo, província, país) têm no ensino e na educação um dos mais importantes meios para reproduzir em seus descendentes e dependentes os conhecimentos acumulados com as tecnologias que lhes dão sustentação, bem como perpetuar seus valores e sua dominação. Os grupos dominados têm nas brechas do ensino possível e da educação necessária algumas das principais oportunidades para alterar as condições sociais que lhes são desfavoráveis. A pedagogia do opressor difere da pedagogia do oprimido em diversos aspectos, mas suas contradições dos discursos ou das práticas permitem aos agentes do ensino e da aprendizagem encontrar oportunidades para reversão de resultados almejados pelos donos do poder. Isso pode ser denominado subversão ou libertação, a depender de quem analisa o fenômeno.

O ensino essencial que pode transformar o filhote de primata da subespécie autodenominada **Homo sapiens sapiens** em ser humano menos distante da definição arrogante sugerida pelo nome é geralmente realizado no âmbito familiar, por pais, avós, irmãos, tios e outros membros associados ao grupo restrito do lar ou um pouco ampliado para a comunidade local. Aí é que se definem as bases do adulto possível como "humano sábio" ou "que sabe", inicialmente como criança em desenvolvimento, a partir da incorporação da linguagem comum, dos valores básicos, dos fundamentos culturais essenciais. Esse ensino essencial e a educação que o amplia são cada vez mais delegados a babás eletrônicas, pela interveniência crescente de meios comunicacionais como televisão, computador, *tablets*, celulares. Isso é um fato, com diversas consequências, boas e más. É nessa fase inicial, até os 3 ou 4 anos de idade, que a criança, ser humano em desenvolvimento, aprende hábitos de higiene e alimentação com autonomia crescente, aprende a linguagem oral e desenvolve outras habilidades do repertório comunicacional e operacional básico para conviver socialmente.

A antecipação da escolarização das crianças em escolas de educação infantil (0 a 5 anos) em pelo menos meio período diário é fenômeno crescente na classe média e também nas comunidades de menores escolaridade e renda. Isso decorre, em grande parte, do ingresso cada vez mais significativo das mulheres no mercado de trabalho. Por outro lado, é também cada vez menor o número de filhos por casal, fato que dificulta as aprendizagens pela convivência entre crianças de idades próximas no ambiente familiar. Assim, escolas de educação infantil passaram a suprir crescentemente a demanda por atenção familiar, com possibilidade de convivência e socialização entre crianças de famílias diferentes, além de algum início de preparação para a alfabetização e o desenvolvimento de algumas habilidades complementares do ensino formal. A propósito, considero que a denominação "escolas de educação infantil", que inclui as creches, é um dos casos mais exemplares em que a palavra "educação", mais abrangente, é mais adequada do que "ensino" para denominar a oferta dos serviços de atendimento educacional às crianças pequenas.

A educação infantil já está regulamentada no Brasil a partir dos 4 anos de idade, e o ensino fundamental é obrigatório a partir dos 6 anos. A demanda por educação infantil escolarizada é crescente e ainda não consegue ser atendida na maior parte dos municípios brasileiros.

As finalidades da educação básica estão assim apresentadas na LDB, em seu art. 22: "desenvolver o educando, assegurar-lhe a formação comum indispensável para o exercício da cidadania e fornecer-lhe meios para progredir no trabalho e em estudos posteriores" (BRASIL, 1996).

No Brasil, a oferta de ensino fundamental já pode ser praticamente considerada com atendimento universal para a demanda da população entre 6 e 14 anos de idade (primeiro ao nono ano). A LDB define, em seu art. 32, que "o ensino fundamental obrigatório, com duração de 9 (nove) anos, gratuito na escola pública, iniciando-se aos 6 (seis) anos de idade, terá por objetivo a formação básica do cidadão" (BRASIL, 1996). A LDB ainda estipula que essa "formação básica do cidadão" deve ser efetivada por meio de alguns parâmetros, que incluem (BRASIL, 1996):

» desenvolver a "capacidade de aprender, tendo como meios básicos o pleno domínio da leitura, da escrita e do cálculo";
» "compreensão do ambiente natural e social, do sistema político, da tecnologia, das artes e dos valores em que se fundamenta a sociedade";
» "aquisição de conhecimentos e habilidades e a formação de atitudes e valores";
» "fortalecimento dos vínculos de família, dos laços de solidariedade humana e de tolerância recíproca em que se assenta a vida social".

O ensino médio é definido em um aposto no art. 35 da LDB: "O ensino médio, **etapa final da educação básica**, com duração mínima de três anos, terá como finalidades: [...]" (BRASIL, 1996, grifo meu).

Após os dois-pontos da citação acima, a LDB descreve quatro finalidades complementares para o ensino médio. Optei por organizar a formulação legal em tópicos apenas sequenciais e alterar um pouco o texto original, para sintetizar e deixar um pouco mais lógicas as finalidades (BRASIL, 1996):

» consolidar e aprofundar "conhecimentos adquiridos no ensino fundamental, possibilitando o prosseguimento de estudos";
» "preparação básica para o trabalho e a cidadania";

- "aprimoramento do educando como pessoa humana, incluindo a formação ética e o desenvolvimento da autonomia intelectual e do pensamento crítico";
- "compreensão dos fundamentos científico-tecnológicos dos processos produtivos, relacionando a teoria com a prática, no ensino de cada disciplina".

O que a LDB apresenta como finalidades para a educação básica, como objetivo do ensino fundamental e novamente como finalidades para o ensino médio é um conjunto bastante genérico de enunciados com aparência de ser resultado de vários "remendos" para obtenção de algum acordo entre os legisladores. Isso permite interpretações muito diversas e motivou muitas normas complementares, com um emaranhado de documentos que raros professores chegam a conhecer efetivamente e raríssimos conseguem aplicar.

Em minha opinião, o conjunto de legislação e normas para a educação básica nacional é um arcabouço denso, consistente e avançado que abarca boa consolidação de indicações de pesquisas acadêmicas e bibliografia nacional e internacional sobre o tema. Entretanto, essa boa qualidade tem como contraponto seu hermetismo, que ainda tenta conciliar correntes divergentes, fenômeno que o torna quase inócuo na prática cotidiana das escolas, dos professores e dos estudantes.

Além disso, as mudanças de orientação em vários aspectos das normas complementares e do próprio texto da LDB são muito frequentes, em decorrência de vários esforços de legisladores, burocratas e outros agentes que procuram atender a múltiplas demandas (válidas ou muito questionáveis) para inclusão obrigatória de disciplinas, temas, conteúdos e atividades nos currículos da educação básica. Isso dificulta ainda mais que as normas sejam adequadamente implantadas nas atividades de ensino, pois o processo é de longo prazo e exige convergência de rumos e foco central para otimizar o potencial de excelência de resultados de aprendizagem.

Aliás, resultados de aprendizagem só podem ser mensurados e avaliados em seu cotejamento com as finalidades e os objetivos originalmente propostos em cada nível de abrangência do ensino e em cada etapa do processo. Se a própria definição de finalidades e objetivos se configura como um nevoeiro, a dificuldade para avaliar adequadamente fica ainda maior.

O ensino profissional, o ensino envolvido nos processos de educação corporativa e o ensino superior, que por definição também é parte da educação profissional, normalmente têm menos dificuldades para escolher finalidades e objetivos mais precisos e verificáveis quanto à aprendizagem dos estudantes. O perfil profissional esperado na conclusão dos cursos é uma baliza que pode indicar horizontes mais claros.

Alguns autores criticam as definições de finalidades e objetivos da educação apresentadas pela Unesco porque elas têm concentração de posições por eles categorizadas como neoliberais, com orientação mais tendente para a manutenção das atuais relações de poder e dominação. Essa visão faz sentido, mas é similar às propostas de anarquia política ou de "ditadura do proletariado" como "solução" para as situações de exploração e opressão prevalentes no mundo: são utopias inviáveis, ao menos por enquanto. A chamada "civilização" é principalmente história de lutas e guerras. A educação (e o ensino, seu eixo central como oferta planejada de serviços educacionais) está posta no contexto das sociedades como fator de reprodução e alguma evolução em ritmo de congruência com os fatores hegemônicos.

O parágrafo anterior, com jeitão de desculpas, é introdutório para destacar que há bom consenso internacional na aceitação dos chamados "quatro pilares da educação", já mencionados em capítulo anterior: aprender a conhecer, aprender a fazer, aprender a conviver, aprender a ser (DELORS, 2010). Não desprezo as divergências, mas creio que o consenso possível é boa referência inicial para fundamentar bases para o ensino civilizatório, em todos os seus níveis de abrangência, do individual ao mundial, e de evolução sequencial, do ensino infantil à pós-graduação de grau máximo e à educação permanente que segue, até aprender como pode ser possível morrer com alguma dignidade.

Assim, como prometido antes, detalharei um pouco meu entendimento sobre a essência dos tais pilares, a ser considerada como base para as finalidades e os objetivos na formulação de seu planejamento por todos os que realizam atividades de ensino.

» **Aprender a conhecer.** Inclui a aprendizagem das ferramentas essenciais para comunicação e para pesquisas que possibilitem aprender com autonomia ao longo da vida.
» **Aprender a fazer.** Envolve a qualificação para o trabalho e para as práticas sociais em geral. As aprendizagens sobre aplicações das tecnologias estão nesse pilar.
» **Aprender a conviver.** Aprendizagem fundamental para a vida em sociedade e para bem viabilizar as demais aprendizagens. A propósito, a palavra "educação" é muito associada no senso comum a comportamentos que demonstram a capacidade de conviver harmoniosamente com seus semelhantes e com seus diferentes. A paz entre os grupos sociais diferentes e entre as nações depende muito dessa aprendizagem.

» **Aprender a ser.** É o conjunto de aprendizagens mais ligado à autonomia individual, integrada ao respeito à interdependência em relação aos demais indivíduos, condicionante do pilar descrito no item anterior. Com o desenvolvimento adequado desse pilar, considero possível equilibrar da melhor forma os pesos da caixa de brinquedos e da caixa de ferramentas delineados por Rubem Alves em palestras e textos diversos.

Esses pilares da educação são interdependentes. Cada pilar tem sua importância autônoma, mas só a busca do conjunto integrado de seus enunciados permite que as finalidades mais amplas e desejáveis da educação civilizatória sejam alcançadas.

É de se destacar, também, que tais pilares estão orientados para um "edifício" em construção constante, como Delors afirma textualmente (2010, p. 32): "O conceito de educação ao longo da vida é a chave que abre as portas do século XXI; ele elimina a distinção tradicional entre educação formal inicial e educação permanente". Aliás, essa ideia de educação permanente ao longo da vida já está incorporada como valor praticamente universal na sociedade contemporânea. A bem da verdade, muitos povos e grupos sociais já expressavam esse valor desde a Antiguidade. Talvez agora seja um valor mais central e ainda mais importante, porque cada vez mais se aceleram as mudanças tecnológicas que tornam obsoletas muitas aprendizagens ao longo da vida de uma mesma pessoa ou de uma mesma geração.

4
QUALIDADE NO ENSINO E QUALIDADE NA APRENDIZAGEM

A QUALIDADE DE QUALQUER OFERTA DE ENSINO É SEMPRE DIVULGADA COMO "DE EXCELÊNCIA", COM GARANTIAS APARENTEMENTE OBJETIVAS, NA PROPAGANDA DE QUEM OFERECE. NA OUTRA PONTA, É MAIS COMUM QUE SEJA SUBJETIVAMENTE JULGADA COMO INSUFICIENTE, ESPECIALMENTE POR QUEM NÃO APRENDEU O QUE QUERIA OU PRECISAVA. INFELIZMENTE, PARA QUEM OFERECE SERVIÇOS EDUCACIONAIS, A MEDIDA DA EXCELÊNCIA NO ENSINO SÓ PODE SER CONFIRMADA PELOS RESULTADOS EFETIVOS NA APRENDIZAGEM.

Muitos autores ressaltam a polissemia conceitual em relação ao termo "qualidade", especialmente quando aplicado à educação ou ao ensino.

Qualidade é atributo. Pode ser positiva, negativa ou neutra, em função de quem avalia e dos critérios de avaliação. É o ser humano e seu corpo que definem o que caracteriza a (melhor ou pior) qualidade de um produto ou serviço. Para tanto, usa seus recursos sensoriais e aplica valores pessoais ou culturais para julgar se é bom ou não, se é útil ou supérfluo, se proporciona prazer ou sofrimento.

A análise do fenômeno "qualidade" remonta aos filósofos antigos, mas foi no século XX que o chamado "movimento da qualidade" ampliou as reflexões sobre administração e trouxe à baila indicadores mais rigorosos para a gestão da qualidade. Inicialmente, a orientação foi para a qualidade dos produtos, em uma evolução da preocupação dos artesãos e dos artistas com a perfeição de suas obras. A especificação de itens observáveis para medir indicadores de qualidade dos produtos deu aos engenheiros a primazia nos movimentos iniciais da administração da qualidade de produtos. Muitos gurus da qualidade fizeram fama e dinheiro com livros, consultorias e parametrizações detalhadas das especificações com marcas registradas e dos graus de tolerância para caracterizar a qualidade industrial como meta objetiva mensurável com métricas rigorosas e, paradoxalmente, como mito um tanto esvoaçante. Afinal, se fosse tão simples como no discurso de 50 segundos que convence um presidente de empresa a contratar a consultoria no tempo de subida de um elevador, essa contratação seria dispensável!

Logo os engenheiros perceberam que a garantia da qualidade dos produtos não se transferia automaticamente do modo de produção artesanal para a produção industrial. Na produção artesanal, a relação mestre-aprendiz viabiliza a continuidade e até o aperfeiçoamento das especificações técnicas dos produtos, quase sempre guardadas como segredos de ofício. Na produção industrial, é nos processos que buscam integrar máquinas e ação dos operários que a mágica precisa ser feita. Assim, a gestão da qualidade nas indústrias também precisou evoluir da mera avaliação de conformidade em relação a especificações técnicas dos produtos e graus de tolerância em relação a tais especificações para análise e gestão dos processos produtivos, nos quais o fator humano é essencial e a educação tem importância crescente para determinar a excelência.

A perspectiva dos processos produtivos aproximou a administração da qualidade de produtos da que cuida da qualidade em serviços. Isso ocorre em momento histórico no qual o setor terciário passou também a ter importância relativa crescente e a superar o setor secundário na maior parte dos países que lideram a economia mundial.

O reconhecimento da excelência como a melhor qualidade possível de um produto ou serviço começa com a aplicação de critérios pessoais ou de grupos sociais específicos, em processo bastante subjetivo. Isso envolve, entre outros, o critério de diferenciação, que pode marcar a "exclusividade" de um produto de "luxo" ou de "grife", por exemplo. Um relógio de marca conceituada, um vestido criado sob medida por um estilista famoso, o atendimento personalizado de um cabeleireiro ou médico de renome são exemplos desse diferencial, que permite atribuir o conceito de excelência. O preço exorbitante é o corolário. Em alguns casos, o preço pode ser o único diferencial mensurável para explicar o conceito atribuído. Assim, para não assumir o chapéu de burro, muitos compradores dos serviços ou produtos enganosos inventam justificativas chiques para validar o conceito daquilo que já pagaram.

Excelência (em qualidade) é sempre um conceito em construção, quando é aplicado a um produto ou serviço. É algo similar ao pote de ouro que poderia ser encontrado no final do arco-íris, visão quimérica que se afasta quando dela nos aproximamos.

Certa vez ouvi em uma palestra sobre gestão da qualidade que buscar a excelência é como buscar a "quadratura do círculo". Gostei da imagem metafórica: vamos supor que as especificações de **qualidade** de um produto ou serviço sejam apresentadas como um círculo, enquanto as possibilidades operacionais para viabilização se expressem como um quadrado. O agente tem duas possibilidades: (1) atender apenas às especificações circunscritas em um quadrado interno ao círculo, sem atender ao conjunto de requisitos demandados ou necessários, oferecendo um produto ou serviço apenas medíocre, ou (2) atender a todas as especificações, incluindo mais alguns itens para preencher os cantos vazios, possibilitando que o produto ou serviço seja aceito como "excelente". Nessa segunda opção, no próximo ciclo de desenvolvimento, os usuários ou beneficiários do produto ou serviço incorporam os itens adicionados nas especificações, acrescentando componentes da concorrência ou dos desejos estimulados pela excelência percebida. Novamente se apresentam as duas opções, a da mediocridade e a da excelência, em ciclos repetitivos e de complexidade crescente. Em contextos

CICLOS DA QUALIDADE

1 Requisitos iniciais
Especificações de qualidade

2 "Excedentes" da primeira oferta de excelência
Especificações mínimas no segundo ciclo

3 Oferta possível para atender a todas as especificações
"Excedentes" do segundo ciclo

4 Oferta possível no segundo ciclo
Demandas no terceiro ciclo

5 Oferta possível no terceiro ciclo

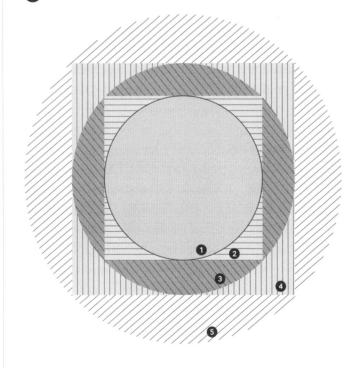

E por aí vai a busca da excelência...

competitivos, mediocridade é opção suicida. Excelência pode ser opção estressante, mas pode também ser gratificante. Administrar a qualidade é administrar os ciclos de desenvolvimento com o equilíbrio possível e o estresse suportável.

Os serviços da área de saúde, como hospitais, fabricantes de insumos farmacêuticos e laboratórios de análises clínicas, cujos resultados da qualidade efetiva têm impacto crítico e imediato sobre vida e morte, receberam atenção prioritária para definição de indicadores mais claros. Há protocolos mais precisos, critérios mais bem consolidados para avaliação de resultados, entidades certificadoras e acreditadoras independentes, nacionais e internacionais, além dos necessários registros, autorizações e credenciamentos regulados e fiscalizados pelos órgãos públicos e pelos respectivos conselhos profissionais.

Alguns exemplos de entidades certificadoras para produtos e serviços:

» **ISO 9000.** Refere-se ao conjunto de normas definidas pela International Organization for Standardization (ISO, 2020). Essas normas apresentam orientações básicas para implantação dos sistemas de gestão de qualidade, diretrizes para auditorias e controle de riscos. A série de normas ISO 9000 engloba rede mundial de institutos de 148 países. No Brasil, é representada pela Associação Brasileira de Normas Técnicas (ABNT). As certificações ISO 9000 são aplicáveis a produtos, serviços e empresas de todos os setores, com maior utilização nas indústrias de padrão internacional, em hospitais e em outros serviços críticos para a sociedade. Em ensino e educação, a aplicação ainda é incipiente. Há muitos questionamentos sobre as vantagens e as desvantagens para as instituições de ensino. A principal crítica diz respeito à burocracia inerente aos processos, que

serve mais para desviar do foco do que para ajudar efetivamente na busca da excelência de resultados de aprendizagem.
- » **OHSAS 1800.** Trata-se de conjunto de normas britânicas que especifica requisitos mínimos para excelência em saúde e segurança ocupacional, referência para certificação de qualidade em muitos países, inclusive no Brasil. A sigla tem origem no nome da série, Occupational Health and Safety Assessment Series.

Algumas instituições acreditadoras importantes na área de saúde são:

- » **Organização Nacional de Acreditação (ONA).** Criada em 1999, "é responsável pelo desenvolvimento e gestão dos padrões brasileiros de qualidade e segurança em saúde" (ONA, 2020.) Trata-se de organização não governamental com foco nos serviços privados de saúde, regulados no Ministério da Saúde pela Agência Nacional de Saúde Suplementar (ANS).
- » **Joint Commission International (JCI).** Organização não governamental sediada nos Estados Unidos da América com atuação em mais de cem países. O foco é "a segurança do paciente e a qualidade dos cuidados de saúde na comunidade internacional, oferecendo educação, publicações, serviços de consultoria, credenciamento e certificação internacional" (JCI, 2020).

Um dos fatores que favorece a avaliação um tanto mais precisa dos serviços de saúde reside no fato de os resultados, normalmente, serem apresentados em prazos curtos ou médios e vários indicadores serem objetivos ou até mesmo diretos: o paciente morreu ou sobreviveu; se sobreviveu, teve sequelas ou não. Além disso, há menos dificuldades para controlar e mensurar o impacto de variáveis intervenientes de diferentes fatores externos ao processo mais direto da relação entre o serviço prestado e a resposta dos pacientes. Os resultados do ensino e da educação geralmente só são perceptíveis em prazos mais longos. Isso dificulta a padronização de critérios geralmente aceitos. Além disso – e ainda mais importante –, a qualidade de ensino e de aprendizagem que interessa a um grupo social pode ser até oposta à que interessa a outro. Por exemplo, o que interessa como aprendizagem efetiva para a liberdade dos oprimidos é o contrário do que querem os opressores.

A área educacional (ensino e educação) também tem controles governamentais, credenciadores e acreditadores governamentais, não governamentais e privados, especialmente no ensino formal. Aliás, em minha opinião, isso é mais uma parte do problema do que da solução no direcionamento eficaz para a excelência qualitativa. Há fiscalização e controles por ministérios, secretarias estaduais e municipais, conselhos de educação em todos os âmbitos, incluindo ingerências de conselhos de exercício profissional, de políticos demagógicos, de jornalistas sem assunto e com pouca competência técnica.

Há muitas ferramentas para medir e documentar com alguma objetividade a chamada qualidade instrumental da oferta de ensino: edificações, salas de aula, auditórios, laboratórios, bibliotecas e outros recursos de comunicação, currículos de docentes e estruturas internas de coordenação, supervisão ou apoio pedagógico e administrativo.

A medição dos resultados de aprendizagem já é bem mais complexa e projetada em períodos mais elásticos. Há indicadores indiretos da aprendizagem potencial ou percebida pelos estudantes ou por seus responsáveis que podem ser mensurados, como procura pelos cursos, frequência às atividades, índices de evasão, promoção ou reprovação, resultados mensuráveis em avaliações de aprendizagem ao longo ou no final do processo. Essas avaliações de aprendizagem poderiam ser instrumentos úteis para pavimentar o caminho da gestão da qualidade do ensino, com vistas à sua excelência. Entretanto, ainda é muito comum que sejam muito mais instrumentos de dominação da estrutura formal e das instituições (escolas, direção, corpo docente) que têm o poder de aprovar ou reprovar estudantes do que ferramentas de apoio mútuo para garantia da melhor aprendizagem possível. Ainda é muito rara a efetiva parceria na definição de objetivos de aprendizagem e respectivos instrumentos de avaliação dos seus resultados entre escolas e estudantes, pais ou responsáveis (quando isso é mais relevante, especialmente nas fases iniciais da educação infantil e do ensino fundamental).

Tenho convicção e confirmação experimental de minhas práticas educativas pessoais ou sob minha coordenação mais direta de que a definição conjunta dos objetivos de aprendizagem, bem como dos critérios e instrumentos de avaliação com os envolvidos no processo ensino-aprendizagem, facilita muito o uso da avaliação da aprendizagem como caminho muito importante para chegar à excelência do ensino, vislumbrada pela excelência da aprendizagem. Vou além: a autoavaliação como prática prioritária, inclusive para informar decisões de promoção e reprovação, é ainda mais importante nesse caminhar, pois pode acrescentar aprendizagens fundamentais de autonomia, negociação e autoconhecimento. No início, sempre haverá quem apresente objeções em relação à honestidade nos conceitos ou notas autoatribuídos pelos estudantes. Entretanto, um processo bem organizado na definição de critérios e de cotejamento com colegas, na arbitragem por docentes e nas justificativas para as atribuições conduz a julgamento muito mais equilibrado e justo do que a atribuição de conceitos ou notas unilateralmente pelos professores. Em minha experiência, na maioria absoluta das situações que acompanhei, a autoavaliação da aprendizagem pelos estudantes sempre foi um pouco mais rigorosa do que a avaliação pelos colegas ou pelos professores. Nos raros casos em que o estudante se atribuiu conceitos obviamente incompatíveis com o desempenho, os grupos já demoliram sua (falta de) percepção e ficou muito mais fácil a arbitragem pelo professor. O mais importante é que essa combinação virtuosa de objetivos de aprendizagem, critérios e instrumentos previamente negociados com autoavaliação e avaliação pelos grupos e pelos docentes já encaminha com maior clareza quais devem ser as providências para equacionar e resolver as deficiências e dificuldades de aprendizagem ou para melhor pavimentar os caminhos da gestão da qualidade a partir das práticas com melhores resultados.

Há uma sutil e importante diferença entre qualidade do ensino e qualidade da educação, especialmente quando é realizada ou considerada a avaliação de um processo específico de aprendizagem. A qualidade do ensino deve levar em conta o que resultou diretamente da ação planejada e efetivamente realizada pelo agente educativo – pai, professor, consultor, gestores de uma escola, rede ou sistema. Obviamente, deve considerar as respostas e o grau de envolvimento obtido pelo aprendiz individual ou pela coletividade de aprendizes definida na abrangência considerada. A qualidade da educação envolve um espectro mais amplo de variáveis intervenientes no processo de aprendizagem. Inclui o contexto social e as oportunidades complementares aos desafios e proposições do nível de ensino considerado. Quando processos e instrumentos de avaliação para um dado nível de ensino são pensados, elaborados ou analisados, é importante que essas diferenças sejam levadas em conta, para que os resultados não sejam distorcidos em função de aspectos que transcendem o que deve estar no foco da avaliação. Isso é mais relevante quando se realizam comparações entre diferentes aprendizes, grupos, escolas, redes ou sistemas de ensino. Por exemplo, é inadequado comparar diretamente os resultados de aprendizagem de estudantes de uma escola rural isolada sem acesso aos modernos meios de comunicação, cujos estudantes são todos oriundos de famílias iletradas, com os resultados de aprendizagem dos estudantes de uma escola privada de classe média de uma grande metrópole. A comparação, quando baseada em testes gerais padronizados, precisa analisar os contextos para atribuir as perdas e os ganhos mais diretamente decorrentes das atividades de ensino realizadas nas duas situações e dos possíveis ruídos de comunicação embutidos nos instrumentos de avaliação.

Quantidade, qualidade e equidade

Estou convicto de que **qualidade começa com quantidade**, especialmente no caso da educação. Excelência em resultados apenas para poucos sobreviventes indica seleção e exclusão, não é qualidade excelente! Quem me apresentou a essa ideia foi o professor Mario Sergio Cortella, em evento realizado no Senac São Paulo sobre o tema qualidade na educação, algum tempo depois do período em que ele foi secretário de Educação do município de São Paulo. Isso foi essencial para aprofundar minhas reflexões atuais para este livro.

Incluir todos no processo educacional é condição inicial para que se possa afirmar que há excelência – ou, pelo menos, um bom encaminhamento – na gestão da qualidade na educação. Equidade é o próximo requisito essencial para a qualidade educacional. Equidade significa tratar os desiguais tendo sua desigualdade como um fator crítico a ser seriamente considerado no processo, tanto para realizar ações compensatórias como para orientar critérios de ingresso e condições de permanência.

A educação é, ao mesmo tempo, a principal esperança mundial como indutora potencial da equidade e a principal demandante dessa mesma equidade para que seus desafios de excelência qualitativa nos resultados de aprendizagem sejam bem equacionados.

As Nações Unidas apresentam uma proposta que julgo fundamental, no documento "Educação 2030: Declaração de Incheon e Marco de Ação para a implementação do Objetivo de Desenvolvimento Sustentável 4" (UNESCO, 2016). O documento é resultado do Fórum Mundial de Educação 2015, realizado entre 19 e 22 de maio em Incheon, na Coreia do Sul. O documento apresenta metas e indicadores de inclusão e de equidade para garantir o desenvolvimento sustentável em todos os países do mundo. Seu detalhamento pode ser projetado para comunidades, municípios e estados nacionais. Assim, sua análise pode fundamentar o debate e a definição de objetivos em sistemas de ensino, em redes de escolas, em escolas unitárias e até mesmo em turmas ou classes.

5
INDICADORES COMPARATIVOS

INDICADORES COMPARADOS DE APRENDIZAGENS EFETIVAS E RELAÇÕES COM AS PERSPECTIVAS DE METAS NEGOCIÁVEIS PARA A EXCELÊNCIA NO ENSINO (PROVAS MUNICIPAIS, ESTADUAIS, NACIONAIS E INTERNACIONAIS: SARESP, SAEB, SINAES, ENEM, ENADE, PISA, TALIS).

A educação e o ensino estão cada vez mais no foco da mídia e das promessas de campanhas políticas. Isso tem um lado positivo, pois indica que a população começa a valorizar a educação como necessária para suas famílias e para o futuro da nação. Entretanto, é muito frequente que os resultados das avaliações sejam mais utilizados para reportagens e manchetes com *rankings* que só servem para reforçar o já famoso complexo de vira-latas dos brasileiros ou para propaganda de escolas ou redes que obtêm bons resultados de aprendizagem muito mais em consequência de rigorosos processos seletivos de acesso do que da diferença efetiva decorrente das atividades de ensino. Indicadores comparativos podem ser úteis e devem ser utilizados para orientar o planejamento e a prática de professores e de gestores.

Neste capítulo, destacaremos algumas sequências de provas ou exames que se propuseram a avaliar resultados de aprendizagem de redes ou sistemas de ensino: Saresp, Saeb, Sinaes, Enem, Enade e Pisa. Incluímos, também, uma pesquisa internacional quinquenal com professores e diretores de escolas sobre as condições de ensino e aprendizagem em diferentes países, a Talis.

» **Saresp.** Sigla do Sistema de Avaliação de Rendimento Escolar do Estado de São Paulo, aplicado desde 1996. Os estudantes das escolas da rede estadual de ensino participam obrigatoriamente de todas as provas. Escolas de redes municipais e escolas técnicas têm a opção de aderir ao Saresp. As provas são aplicadas anualmente para os estudantes do terceiro, do quinto, do sétimo e do nono ano do ensino fundamental e da terceira série do ensino médio. Essas provas contêm questões de língua portuguesa, matemática, ciências humanas e ciências da natureza, além de redação (FDE, 2020).

» **Saeb.** É o Sistema de Avaliação da Educação Básica, um conjunto de avaliações externas em larga escala, gerenciado pelo Instituto Nacional de Estudos e Pesquisas Educacionais Anísio Teixeira (Inep). O Saeb permite um diagnóstico da educação básica brasileira e de fatores que podem interferir no desempenho do estudante. Realizado desde 1990 a cada dois anos em escolas da rede pública e em amostra de escolas privadas, já passou por várias estruturações. A partir de 2019, a avaliação passou a contemplar a educação infantil, ao lado do ensino fundamental e do médio. A compilação analítica das médias de desempenho dos estudantes no Saeb com as taxas de aprovação, reprovação e abandono apuradas no Censo Escolar compõe o Índice de Desenvolvimento da Educação Básica (Ideb) (INEP, 2020b).

» **Sinaes.** O Sistema Nacional de Avaliação da Educação Superior é formado por três aspectos mais importantes: avaliação das instituições (públicas e privadas), avaliação dos cursos e avaliação do desempenho dos estudantes. Isso envolve todos os aspectos ao redor desses três eixos, como ensino, pesquisa, extensão, responsabilidade social, desempenho dos estudantes, gestão da instituição, corpo docente e instalações. A gestão nacional do Sinaes também é realizada pelo Inep. Os indicadores dessa avaliação são essenciais para o reconhecimento de cursos e a autorização ou renovação de reconhecimento das universidades, dos centros universitários e das demais instituições de ensino superior no Brasil.

» **Enem.** Criado em 1998, o Exame Nacional do Ensino Médio consiste em uma prova realizada anualmente pelo Inep com objetivo de avaliar a qualidade do ensino. Atualmente, seu resultado também organiza o acesso ao ensino superior em universidades públicas brasileiras e em algumas universidades no exterior (INEP, 2019b). Essa nova função seletiva conferiu valorização muito maior ao Enem, porém trouxe junto diversos problemas e distorções para a adequação de seus resultados aos objetivos originais.

» **Enade.** O Exame Nacional de Desempenho dos Estudantes avalia o rendimento dos concluintes dos cursos de graduação (de instituições públicas e privadas) quanto aos objetivos e conteúdos previstos nas diretrizes curriculares dos cursos. Isso inclui o desenvolvimento de competências e habilidades necessárias ao aprofundamento da formação geral e profissional. O Enade também é aplicado pelo Inep, desde 2004 (INEP, [s. d.]).

» **Pisa.** É a sigla em inglês do Programa Internacional de Avaliação de Estudantes, ou Programme for International Student Assessment. Trata-se de um estudo comparativo internacional realizado a cada três anos, desde 2000, pela Organização para a Cooperação e Desenvolvimento Econômico (OCDE). O Pisa analisa habilidades de estudantes na faixa de 15 anos em relação a leitura, matemática e ciências. Em cada edição, a prova prioriza uma dessas habilidades. O Pisa mais recente teve a leitura como foco e foi aplicado a cerca de 600 mil estudantes de 79 países ou economias. O Brasil participa desde a primeira edição, de 2000. Em 2018 foram cerca de 13 mil estudantes brasileiros de escolas públicas e privadas, em amostra nacional representativa gerenciada pelo Inep.

» **Talis.** Trata-se da Pesquisa Internacional sobre Ensino e Aprendizagem, ou Teaching and Learning International Survey. É realizada desde 2008 a cada cinco anos e coordenada pela OCDE. No Brasil, é coordenada pelo Inep. Essa pesquisa coleta e analisa dados sobre condições de aprendizagem e trabalho dos professores e diretores nas escolas públicas e privadas representativas de diversos países. Um resultado promissor da Talis 2018 que merece destaque positivo é o de que 94% dos professores brasileiros afirmam que o principal resultado das avaliações a que são submetidos em sua escola ou rede de ensino deve ser o desenho conjunto de medidas para sanar deficiências do ensino (INEP, 2020c).

Todos esses sistemas, exames ou provas têm como foco a **aprendizagem** dos estudantes. A eficiência e a eficácia desses mecanismos avaliativos como apoio à busca da excelência no ensino e na educação são muito mais fortes quando são tratados como processos e considerados em perspectiva evolutiva, levando em conta as ações de ensino e outras atividades complementares dos sistemas de educação.

As diferenças entre os conceitos de ensino e de educação precisam ser seriamente consideradas, especialmente quando são propostos ou analisados indicadores comparativos de avaliações coletivas de escolas, redes ou sistemas de ensino. Da mesma forma, é necessário destacar qual nível ou quais níveis de abrangência cobrem o espectro que o instrumento ou processo de avaliação abarca. Por exemplo, usar os resultados de uma única amostra de estudantes que participaram de um único exame do Pisa, do Saeb ou do Enem para julgar e relacionar em uma lista ordenada do melhor para o pior (ou vice-versa) um dado grupo de cinco alunos, uma turma, um rol de turmas ou um conjunto de escolas pode constituir uma mera especulação inócua ou uma distorção essencial.

As avaliações externas padronizadas podem ser úteis para gestores e docentes de escolas, redes ou sistemas de ensino realizarem análises comparativas da evolução dos resultados de aprendizagem correspondentes às suas próprias instituições (escolas, redes ou sistemas) e para cotejar os resultados externos com avaliações internas. Essas análises podem ser muito úteis para ajustar o planejamento, para tornar mais claros os objetivos de ensino-aprendizagem, para redefinir aspectos curriculares e metodológicos, para realizar atividades de desenvolvimento profissional das equipes docentes. Para os professores – individualmente ou em equipes –, as análises dos instrumentos de avaliação e dos resultados evolutivos da aprendizagem de suas turmas podem se constituir em importantes ferramentas de autodesenvolvimento. Essas perspectivas analíticas das avaliações externas podem ser muito úteis para viabilizar a excelência qualitativa dos resultados de ensino. É o que recomendo como um dos principais caminhos eficazes para boa gestão da qualidade do ensino.

A comparação com outras escolas e redes ou com outros sistemas similares só pode ter alguma utilidade se o foco for na pesquisa das melhores práticas que se mostrem viáveis para aproveitamento nos seus próprios contextos. Analisar os resultados de quem está melhor a fim de procurar desculpas pelos fracassos ou de quem está pior para se vangloriar é puro desperdício de tempo e de intelecto.

6
O APRENDIZ

O APRENDIZ (SER HUMANO) É (OU DEVERIA SER) O CENTRO DO ENSINO E DA EDUCAÇÃO. É A REFERÊNCIA FUNDAMENTAL PARA TODOS OS INDICADORES DE EXCELÊNCIA.

Os estudantes são (ou deveriam ser) o foco do ensino e da educação. São os que aprendem, em decorrência do ensino realizado ou apesar dele. São pouco ouvidos, o que explica boa parte dos fracassos e da perda de tempo precioso ao longo do processo educativo.

Já afirmei antes que, em educação, a quantidade é condição inicial para a qualidade. A hoje laureada como saudosa, risonha e franca escola da infância dos septuagenários como eu e de outros "xxários" ainda mais antigos só pode ter sido tudo isso para alguns poucos brasileiros que sobreviveram à exclusão que deixou a maior parte pelo caminho. Essa excelência seletiva foi real para mim, por exemplo. Fui privilegiado, por um pouco de sorte, por apoio de familiares, por esforço pessoal. Para a maioria de meus contemporâneos foi exclusão, indicador de péssima qualidade da educação que lhes foi possibilitada. O pior de tudo é que muitos desses brasileiros se julgam os principais culpados pelo seu "destino" infeliz.

Toda criança pequena que conheço e conheci na vida quer aprender e gosta de aprender. Algumas aprendizagens são naturalmente sofridas. Aprender a andar frequentemente envolve quedas, joelhos e mãos ralados, com as dores que acompanham essas frustrações. Se alguns tabefes forem acrescidos como corolário por mãe, pai ou babá, essa aprendizagem será mais sofrida e mais demorada. Se houver estímulo, apoio para diminuir os efeitos das quedas e valorização dos avanços obtidos, a aprendizagem será mais eficaz, mais rápida e mais segura. Essa afirmação vale para a vida toda, para a aprendizagem de gramática, tabuada, trigonometria, dribles no futebol, física quântica, dança de salão, crochê e até ginástica artística ou nado sincronizado. A maior parte dos erros dos aprendizes consiste em aproximações sucessivas do certo ou do melhor possível, como Vigotsky já demonstrou. Quando os erros são punidos sistematicamente, aprender fica quase exclusivamente sinônimo de sofrimento. Isso é mau. Por outro lado, acreditar na utopia de aprendizagens sempre lúdicas e agradáveis é outro engano que leva ao fracasso nas aprendizagens essenciais. Isso também é mau. Pode ser apenas sofrimento adiado.

Alguns moleques meus contemporâneos e outros mais jovens com quem convivi eram o que costumam carimbar como "sapecas": pouco obedientes, espertos, muito perguntadores e questionadores. Ouvi muitos deles, aos 4, 5, 6 ou 7 anos de idade, sendo ameaçados com a escola: "Espere só quando você entrar na primeira série (ou na escola)!!!". Isso tudo vai diminuindo o natural prazer em aprender, substituindo-o por medo e acanhamento. Em alguns casos, a ideia de "educação" trazida pelo senso comum está mais associada a conformismo e obediência servil. Assim, o aprendiz aprende que aprender coisas novas pode ser perigoso. O pior de tudo é que isso pode ser mesmo verdadeiro. Já foi, em infelizes períodos da nossa história pátria e da história da humanidade. Pode voltar a ser, em uma indesejada – porém não impossível – volta a períodos lúgubres duradouros. A vigilância constante é o preço a pagar pela liberdade. A começar e a continuar pela liberdade de ser e continuar sendo sempre aprendiz.

Ao refletir sobre o tema deste capítulo, veio à minha mente a primeira aprendizagem da qual me recordo. Eu deveria ter algo entre 5 e 6 anos de idade. Meu tio e padrinho, Augustinho da Silva Bueno, não tinha filhos, e sempre que possível ele e minha tia e madrinha, Anna Lopes da Silva Bueno – madrinha Nh'Anna –, ficavam comigo na sede do sítio deles. Padrinho Gusto me ensinou a descascar laranja São Sebastião, usando canivete daqueles de picar fumo e uma técnica bem apurada, para a casca ficar inteira, em uma espiral longa. Não recordo as prováveis muitas tentativas nas quais fui me aproximando da perfeição na habilidade, mas me recordo muito bem da alegria de quando acertei e também que em seguida aprendi a recitar o alfabeto todo, de A a Z, com direito a K, Y e W, para girar a casca até que ela se partisse no momento em que era recitada a letra correspondente à inicial do nome da futura namorada. Quando comecei o primeiro ano no Grupo Escolar de Itirapina, um pouco antes de completar 7 anos de idade, eu já sabia o alfabeto de cor, além de ser um hábil descascador de laranjas. Até hoje sou capaz de descascar uma laranja com perfeição.

Nas relações de ensino-aprendizagem marcadas pela excelência, os estudantes e os professores convivem como aprendentes e como ensinantes. Todos aprendem e ensinam, aprendem enquanto ensinam. Em minha experiência, sempre aprendi ainda mais quando meu papel oficial era o de professor. Aprendi porque precisei estudar e pesquisar para organizar as atividades dos estudantes e aprendi ainda mais na relação com esses estudantes e ao observar as respostas que eles apresentaram aos desafios que propus. Muitas vezes, as respostas foram muito além do que eu pretendia. Relatos de colegas e muito material da literatura pedagógica reforçam essa minha experiência de pouco mais de meio século.

A psicologia da aprendizagem, a psicologia do desenvolvimento e a neurologia evoluíram bastante como ramos das ciências nas últimas décadas. O próprio conceito de inteligência mudou de algo definido e definitivo para uma ideia de potencialidade mais maleável e passível de desenvolvimento pela mediação em sua aplicação às situações de vida. Pedagogia, assim como administração e medicina, é uma ciência aplicada que envolve e precisa combinar conhecimentos científicos de diversas áreas específicas. Tais conhecimentos isolados, muitas vezes ainda em construção, nem sempre são convergentes em sua plenitude. É necessário fazer escolhas e aplicar alguma arte criativa, assim como um pintor ou um escultor usa seus saberes ou sua intuição sobre materiais, física, química e biologia para viabilizar suas obras artísticas. Uso essa reflexão como metáfora para analisar a ação de ensinar em relação ao aprendiz. Quem ensina precisa saber o máximo do que as ciências já conseguiram consolidar sobre a biologia, a fisiologia, a psicologia e a sociologia de quem deve aprender, mas sua obra de arte só se realiza em cada indivíduo que aprende (ou não). Assim como um escultor em madeira usa sua criatividade para aproveitar os nós, as cicatrizes de machadadas e outras qualidades ou mesmo defeitos aparentes de uma tora ou de um toco com suas raízes para dali extrair uma peça que pode ser uma obra-prima simbólica que exalte a excelência de sua escultura, o professor precisa orientar seu ensino como arte que só pode ser expressa nas respostas de aprendizagem de outro indivíduo que aprende. As similaridades e as diferenças entre trinta, cinquenta ou trezentos indivíduos para aprendizagens similares são complicadores ou facilitadores para o desempenho dessa arte, muito dependente de ciências e do método científico, mas que muitas vezes tem que se realizar sem o suporte garantido de conhecimentos científicos já consolidados. Médicos utilizaram moxas e sangrias até o século XIX como tratamentos protocolares frequentes. Hoje são recursos raros apenas na denominada medicina alternativa, assim como as palmatórias da mesma época (embora estas tenham encontrado opções substitutivas em provas e exames que ameaçam com reprovações).

O aprendiz aprende em sua relação com o ambiente. Em essência, ensinar é uma mediação entre o aprendiz e o ambiente que é objeto de conhecimento ou intervenção. Os mecanismos fisiológicos da aprendizagem ainda são conhecidos apenas parcialmente e com baixa consistência de certezas quanto aos processos mentais e cinestésicos envolvidos, mesmo com o acelerado processo de pesquisas com resultados que se acumulam.

Nos meios educacionais, ainda é majoritária a crença um tanto ingênua de que a aprendizagem evolui da teoria para a prática. A maioria absoluta das pesquisas científicas controladas e da recuperação de fenômenos evolutivos da aprendizagem pela antropologia indica que é a mão que educa o cérebro, e não o contrário. Aliás, a própria pesquisa científica séria tem como método testar empiricamente hipóteses baseadas na observação do real, formular sínteses dos testes realizados, reformular hipóteses, fazer novas sínteses, e daí por diante. A inversão da ordem nos processos individuais e coletivos da construção do conhecimento traz um preço alto no desperdício de tempo e recursos para a realização do ensino.

Ensinar primeiro a "teoria" para depois tentar aplicá-la já é uma distorção inicial. Tal fato se agrava quando o conceito de "teoria" se confunde com uma definição deduzida de discurso mais ou menos coerente sobre o atual estágio de conhecimento acumulado de um dado campo do saber. Isso piora as coisas, porque o aprendiz perde o interesse por esse discurso frequentemente sem significado e sem importância para ele.

É muito raro encontrar um aprendiz que aprenda o que não quer aprender. É até possível que ele treine algumas respostas para passar na prova e esquecer o mais rápido possível, até como garantia de alguma saúde mental.

Aprendiz é, na essência, quem aprende porque quer aprender e aprende aquilo que quer aprender, ao perceber utilidade para sua caixa de ferramentas ou para sua caixa de brinquedos. Os aprendizes mais jovens e os muito mais velhos, como eu, têm especial predileção pelos objetos de aprendizagem mais dirigidos à caixa de brinquedos. Vi meus filhos adolescentes e seus amigos aprenderem com volúpia e altíssima velocidade todas as dicas e os caminhos para passar de fase em novos videogames com instruções apenas em japonês, idioma absolutamente ignorado por eles. Testavam hipóteses, reformulavam, telefonavam para colegas, comparavam com jogos similares, montavam diagramas, anotavam caminhos e truques para chegar diretamente nas fases mais avançadas sem precisar repetir todas as sequências. Certamente isso também os ajudou em matemática e outras disciplinas mais estruturadas, mas sempre observei que a aprendizagem escolar deles de fato começava de modo consistente quando tinham que aplicar alguma "teoria" que ouviram dos discursos professorais em atividades relevantes de projetos nos quais se engajaram.

Cada aprendiz tem seus caminhos e seus truques. Alguns precisam de silêncio absoluto e foco concentrado no objeto de estudo. Outros são mais multifocais, precisam de música ambiente ou no fone de ouvido. A possibilidade de troca entre aprendizes focados em um mesmo objetivo de aprendizagem é um elemento que favorece a aprendizagem para a maioria dos aprendizes, notadamente entre os mais jovens. Essa constatação, associada à necessidade de percepção da relevância da percepção de alguma vantagem (utilidade, diversão ou ambas) em aprender, favorece muito os resultados da organização de projetos de diagnóstico e de intervenção na realidade como principal recurso metodológico do ensino.

O ensino infantil e a primeira etapa do ensino fundamental costumam respeitar melhor a ordem de experimentação prática e elaboração conceitual, quando pertinente, nos processos didáticos. A partir da segunda etapa do ensino fundamental e durante o ensino médio, já é mais comum a separação dos processos de ensino por disciplinas quase sempre isoladas e com pouquíssima ou nenhuma contextualização e aplicabilidade realizada ou percebida pelos estudantes. Cada uma das disciplinas se apresenta como a mais importante da Via Láctea e merecedora de dedicação exclusiva dos estudantes durante 25 horas diárias e 8 dias por semana. Como são mais espertos, muitos estudantes descobrem que tudo e nada são sinônimos e escolhem fazer o mínimo, evadir ou apenas fingir que aprendem enquanto professores fingem que ensinam. A convivência entre pares e outras variáveis do contexto escolar permitem que algo se aprenda, mas o desperdício de tempo e recursos é muito grande. O ensino profissional formal de nível médio e o chamado nível superior, embora também padeçam da falta de integração curricular, têm um projeto de profissão pelo menos implícito, o que lhes permite um mínimo de contextualização já garantido.

De modo geral, o ensino não formal é mais frequentemente estruturado com base em problemas e usa melhor a metodologia de projetos como ferramenta didática. Tive excelentes experiências na coordenação de cursos não regulamentados destinados à formação específica ou geral para o trabalho. Muitas vezes, o próprio título do curso já indica o projeto óbvio para a aprendizagem. Quem procura um curso de "bordado em ponto-cruz" ou de "cortes e penteados femininos" tem expectativas muito claras sobre o que quer e vai aprender. Se o professor começar com muita "conversa fiada" sobre afiação de tesouras ou sobre queratina e fisiologia capilar **antes** de colocarem a mão na massa, a evasão será certa. A didática da atividade orientada é base para melhor compreensão dos conceitos enquanto aprendem a prática, e sua consolidação acompanha a capacidade de aplicar os princípios essenciais subjacentes aos processos, o que é definição mais adequada para cada recorte do conhecimento teórico consolidado e acumulado socialmente.

Nas instituições de educação profissional, a palavra "aprendiz" é usada como sinônimo de estudante, mas tem também outra aplicação que está na própria origem da criação dessas instituições: **aprendiz** de uma profissão é o estudante de ensino fundamental ou médio na faixa de 14 a 24 anos (ou sem limite máximo no caso de pessoas com deficiência) que é também contratado por uma empresa para trabalho em tempo parcial concomitante com cursos estruturados como ensino profissional na área correspondente. A maior parte desses cursos complementares de ensino profissional está na modalidade não formal e só atende a regulamentação especial da legislação trabalhista. Apenas os cursos técnicos de nível médio são enquadrados no ensino formal.

7
PARADIGMAS EDUCACIONAIS E INDICADORES DE QUALIDADE

PAPÉIS, RESPONSABILIDADES E "CULPAS": NÃO CONVÉM BUSCAR CULPADOS. É NECESSÁRIO PROCURAR SOLUÇÕES QUE TRANSCENDAM E SUPEREM RESPONSABILIDADES EVENTUAIS OU ATÉ MESMO SISTÊMICAS.

Os modelos e as práticas de ensino evoluíram bem menos do que outros serviços, ao longo do processo civilizatório da humanidade, em especial quanto aos conhecimentos científicos efetivamente aplicados e aos recursos de apoio para conseguir resultados mais eficazes. A comparação com as áreas de saúde, transportes e comunicações é quase óbvia e assombra.

A prática mais usual de uma ação de ensino envolve um professor que fala ou manda fazer com sua autoridade e um estudante que ouve ou obedece, porque pouco ou nada sabe. Isso é o mais esperado. Talvez seja mesmo adequado em muitos casos ou até na maioria das situações. Isso está muito marcado como paradigma de ensino. Quando uma proposta diferenciada é apresentada, muitos dos estudantes reclamam. O próprio vocábulo "aluno"[1] para designar o aprendiz indica uma expectativa de dependência de nutrição para esse estudante. O professor que fala pensando que ensina e o estudante que escuta (enquanto cochila ou devaneia em outros temas, muitas vezes) constituem um quadro clássico para uma situação de ensino. Por ser costumeiro, tornou-se área de conforto para muitos

---

[1] A etimologia da palavra "aluno", oriunda do latim *alumnus*, indica o sentido literal como "criança de peito", "lactente", alguém que precisa ser nutrido ou alimentado. Alguns autores reproduzem uma ideia de origem como a de "alguém com falta de luz", mais negativa, porém falsa.

professores e para muitos estudantes. Quando essa rotina é quebrada, certamente há um desconforto inicial.

Na Idade Média, quando os modelos clássicos de ensino e aprendizagem foram mais profundamente desenhados em seus principais níveis de abrangência, o conhecimento coletivo acumulado era razoavelmente estável e certamente pouco se alterava no decorrer de uma geração. Além disso, a seletividade para as categorias sociais era muito rígida. Isso é cada vez menos verdadeiro. Esse paradigma, fundamentado em uma máxima supostamente cristã – "Muitos são chamados, mas poucos escolhidos" –, reforça o critério de excelência com base na seleção dos melhores, dos que sobrevivem ao processo, e na exclusão sumária de todos os que não passam na peneira. Nessa situação, os sobreviventes são a "prova" da "excelência" do ensino realizado. Não é esse o paradigma que uso neste livro. Aqui, a excelência do ensino deve ser vista como a melhor resultante possível de aprendizagens desejáveis, em um dado contexto educacional. Isso envolve a luta para melhorar as condições desse contexto, obviamente.

Os critérios para caracterizar a excelência do ensino e da educação em geral são definidos historicamente em cada sociedade particular, seja ela uma tribo ou um clã, um Estado soberano ou a humanidade representada em um dado período ou uma situação. Dependem dos valores sociais hegemônicos ou dominantes. Dependem, também, das contradições existentes na sociedade e das brechas que permitem alguma alteração no quadro vigente, a partir das ações de diferentes atores sociais. Os agentes do ensino e da educação são atores sociais fundamentais para ajudar nos movimentos de mudanças que interessam ou são positivos para a maioria da população ou para resistir aos movimentos retrógrados que possam prejudicar a maioria e favorecer pessoas ou grupos dominantes.

Aqui no Brasil, uma sociedade que tem muita desigualdade e muitas contradições, a educação pode ser vista como tábua de salvação ou como ameaça subversiva. Como parte essencial da educação, o ensino também pode ser uma e outra coisa. Algumas vezes é mesmo, um ou outro, ou ambos ao mesmo tempo, a depender do olhar analítico.

Caracterizar a excelência no ensino e na educação significa, na prática, avaliar a qualidade dos resultados de aprendizagem. Esse processo é sistematizado pela avaliação educacional. Assim como em outros processos sociais, a avaliação educacional é "um juízo de qualidade sobre dados relevantes para uma tomada de decisão" (LUCKESI, 1995, p. 9). Portanto, para decidir o que e como fazer, é necessário medir o que é mais importante e passível de ser medido para obter dados relevantes. É fundamental, também, ter objetivos claros que orientem metas desafiadoras e viáveis. A partir disso, o processo de avaliação deve selecionar indicadores e critérios que permitam cotejar os dados e informações das medições realizadas com as metas negociadas, base para formular juízos de qualidade. Tais juízos de qualidade, elaborados com base em modelos estruturados (paradigmas teóricos) e comparados com situações similares ou com medições anteriores do mesmo processo, permitem caracterizar o grau de excelência obtido e propor indicadores e metas complementares com vistas ao aperfeiçoamento contínuo da qualidade dos resultados em direção a patamares cada vez mais elevados de excelência qualitativa.

Avaliação é um processo de múltiplas facetas. O professor que avalia está também sendo avaliado. A avaliação dos resultados de aprendizagem é a face mais importante da avaliação das atividades de ensino. Se a avaliação é só instrumento para aprovar ou reprovar, premiar ou castigar os estudantes, é bom saber que o fenômeno é recíproco: os professores, diretores, equipes de apoio e todos os demais também são aprovados ou reprovados no mesmo processo. Esse paradigma ultrapassado é pouco inteligente e nada eficaz para a gestão da qualidade. Buscar culpados pelos fracassos de aprendizagem e dificuldades no processo é perda de tempo e de energias que poderiam ser muito mais úteis na busca de opções viáveis para sucesso. Quem já aprendeu a andar de bicicleta e pedalou em uma via esburacada sabe por dolorosas experiências que, quando presta muita atenção aos buracos, a tendência mais forte é cair diretamente neles. Para desviar dos buracos e barreiras, eles não podem ser ignorados, mas o foco maior da atenção deve ser no conjunto da estrada com todas as suas possibilidades de passagem e no ponto de chegada. Isso diminui os tombos e pode tornar tombos inevitáveis menos danosos para chegar ao destino. Reprovações podem ser acidentes inevitáveis na realidade de ensino-aprendizagem desenhada nessa metáfora, mas focar os riscos da reprovação dos estudantes ou usar sua possibilidade como ameaça só serve para aumentar a probabilidade de ocorrência, com a recíproca reprovação de quem deveria ter ensinado.

Um dos paradigmas clássicos e persistentes da escola é o da sala de aula e do auditório como ambientes privilegiados de aprendizagem. Um novo paradigma que começa a emergir de modo acelerado e deverá ser prevalente em futuro próximo é o do laboratório ou do "campo" de observação e pesquisa. Esse conceito de "campo" é a realidade que pode envolver a escola, a família, a comunidade, o país, a humanidade e até o universo todo, nas suas manifestações do presente, do passado e do futuro vislumbrável. Nesse novo paradigma, os projetos de diagnóstico e de intervenção na realidade são muito mais importantes do que os currículos expressos em conteúdos disciplinares estanques. Os conteúdos frequentemente interdisciplinares ou nem sequer categorizados em alguma disciplina já definida são insumos para organizar os projetos e suas ações de diagnóstico e intervenção.

Trabalhar com projetos é cada vez mais a realidade prevalente da vida social, tanto nos contextos de trabalho como na maior parte das práticas sociais de convivência, lazer e diversão. Logo, ensinar e educar para a vida devem levar isso em consideração.

Nos projetos, por princípio é a prática que corre atrás da teoria. A teoria, nesse caso sem as aspas usadas para o conceito deturpado, é entendida principalmente como conjunto de resultados consolidados de hipóteses científicas já confirmadas ou geralmente ainda aceitas pela comunidade internacional e de novas hipóteses específicas para equacionar situações ou problemas para diagnóstico e intervenção. As aulas expositivas podem até ser um caminho para informar, recuperar ou enfatizar os fundamentos que norteiam o tema central do projeto, as inter-relações com outros conteúdos, as principais fontes confiáveis para levantamentos e pesquisas complementares, os cuidados éticos, legais ou relativos a segurança (pessoal e coletiva) para o desenvolvimento operacional de cada etapa do projeto. A essência dos encaminhamentos na aprendizagem baseada em projetos é a ação concreta dos aprendizes em sua relação com o problema tratado. Essa ação envolve pesquisa, análise, hipóteses, teses, antíteses e sínteses. Em projetos, o ensino é a ação de consultoria realizada pelo professor. O professor é mediador, orientador da pesquisa, da busca de fontes confiáveis para dados e informações já consolidadas na área de saber correspondente. Os estudantes têm muito maior protagonismo em seu processo de aprendizagem. O professor certamente também aprende muito. Não é mais fácil para o professor. Ao contrário, é bem mais difícil, mas com certeza é também muito mais gratificante. Os estudantes têm muito mais protagonismo nos processos de aprendizagem baseados em projetos e problemas. Isso é muito mais coerente com os quatro pilares da educação valorizados pela Unesco, que são a base dos novos paradigmas do ensino, da educação e da aprendizagem.

8

INVESTIMENTOS OU DESPESAS?

A AGREGAÇÃO DE VALOR COMO PARÂMETRO. ENFOQUE DOS DIVERSOS NÍVEIS DE ABRANGÊNCIA: INDIVIDUAL, FAMILIAR, DA CLASSE, DA UNIDADE ESCOLAR, ETC.

Os dispêndios financeiros das pessoas, das famílias, das empresas e da sociedade em geral com as atividades de ensino e com outros componentes do processo educacional são crescentes em todos os níveis de abrangência. É cada vez mais consensual que isso é imprescindível para garantir segurança pessoal, equidade e desenvolvimento social.

Nos níveis individual e familiar, aumentou a percepção de que o dispêndio com educação deve ser caracterizado como investimento. Isso sempre foi percebido pelas classes dominantes, que tinham na educação um dos caminhos para viabilizar a continuidade de sua liderança e dominação. As aberturas democráticas e as crescentes exigências dos modos de produção posteriores à primeira Revolução Industrial vêm ampliando essa percepção para os grupos sociais historicamente oprimidos. Não é um processo pacífico, obviamente.

As modernas sociedades organizadas com base na democracia representativa definem a educação em geral e a organização dos sistemas de ensino, em especial, como prioritárias para investimentos públicos. As democracias dependem da eficácia e da adequada orientação desses sistemas para sua sobrevivência e seu aperfeiçoamento.

O ensino também é importante para ditaduras e governos centralizadores de todos os matizes ideológicos, para garantir a reprodução das condições que os viabilizaram no poder e sustentar sua continuidade. Por esse motivo, esses governos centralizadores buscam controlar rigorosamente escolas, professores, artistas e formadores de opinião com potencial para proporcionar educação subversiva da ordem constituída. Nada mais subversivo, para um ditador, do que despertar autonomia e ânsia por liberdade em seu povo.

A propósito, um dos principais desperdícios dos sistemas públicos de ensino e educação está na burocracia do aparato de controle e regulamentação da oferta dos serviços de ensino. A linha de comando é muito complexa e confusa. Uma decisão do governante chega à sala de aula com meses de atraso e, não raramente, com sentido distorcido ou até oposto ao da intenção original. Desconfio de que menos de 10% dos professores brasileiros conheçam bem as principais normas que regem seu ofício. Algumas vezes, poderíamos afirmar, sem cinismo: "Ainda bem!". Outras tantas vezes, isso indica esforços contrários aos bons resultados, ou desperdício absurdo de esforços e recursos.

O Brasil gasta cerca de 6% do Produto Interno Bruto (PIB) na conta da educação pública. O percentual é maior do que a média da OCDE, que é de 5,5% (BRASIL, 2018). Os resultados medidos pelo Pisa colocam o país nos últimos lugares entre os participantes. Ou seja, embora um pouco acima da média, o problema do investimento baixo é real porque os países da OCDE não têm mais o mesmo nível no desafio da quantidade e da equidade e partem de um patamar histórico mais elevado na qualidade dos resultados de aprendizagem de seus estudantes. Além disso, a valorização social da educação aparentemente é também bem maior, tanto no imaginário coletivo como na real disposição ou na possibilidade concreta para priorizar recursos, por parte dos governantes desses países. Os desperdícios na burocracia dos sistemas e subsistemas de ensino no Brasil, com mecanismos necessários ou supérfluos de controle, com corrupção e com incompetência técnica, tornam ainda menos significativos os recursos efetivamente destinados à educação pública.

Houve bons avanços do ensino brasileiro nas últimas décadas, é forçoso reconhecer. Menos do que gostaríamos e menos do que muitos outros países em situação similar em meados do século XX. A inclusão de mais de 96% das crianças e dos adolescentes até 17 anos na educação básica obrigatória é um avanço óbvio e mensurável, mesmo para os padrões pouco confiáveis de nossos registros escolares e censitários. Segundo informes tabulados pelo Todos pela Educação (2020, p. 10-11), o acesso escolar na faixa de 4 a 17 anos evoluiu de 87,7% em 2001 para 93% em 2011 e 96,8% em 2018. É possível colocar muitas frases negativas depois de uma vírgula e uma conjunção adversativa. Entretanto, prefiro encerrar este parágrafo na constatação afirmativa.

Falta pouco para universalizar a educação básica brasileira na idade certa, pelo menos até o ensino fundamental. Isso já é relevante para comemorar o bicentenário da Independência formal do Brasil, em 2022. Quando frequentava a universidade, várias vezes ouvi dizer que se a concluísse estaria entre os menos de 2% de brasileiros com esse privilégio. Hoje somos mais de 11%. Fomos multiplicados por quase seis durante uma geração ou pelo menos durante a vida dos mais longevos e teimosos, como eu. Deixemos novamente o "vírgula mas" para outro momento.

Desde 1988, são destinados obrigatoriamente como recursos vinculados para a educação formal pelo menos 18% da arrecadação de tributos federais e municipais e pelo menos 25% dos orçamentos estaduais. Se considerarmos que muitas políticas públicas de outras áreas – como saúde, cultura, comunicações, segurança – também envolvem ações educativas, estruturadas ou informais, podemos afirmar que os investimentos em atividades de ensino representam parcela bem significativa dos investimentos públicos brasileiros. Há gargalos a ultrapassar, desperdícios a reduzir ou eliminar, redundâncias desnecessárias, corrupção endêmica e outros fatores que diminuem significativamente o potencial de efetividade desses investimentos, tornando nessas situações mais adequado caracterizar os dispêndios financeiros como meras e deploráveis despesas.

A evolução demográfica brasileira, que é um problema em relação à previdência social, no caso da educação pública começa a possibilitar algum alívio na demanda potencial, com tendência de redução na quantidade de crianças e jovens em idade escolar. Assim, o equacionamento das questões de qualidade deixa de sofrer as pressões para a etapa de cumprimento de metas de quantidade na oferta dos serviços na educação básica. A pressão por novas vagas ainda é forte em relação ao atendimento em creches, especialmente nas cidades maiores. A própria evolução demográfica poderá facilitar a solução dessa demanda em prazo provavelmente inferior a uma década.

Ainda há carências quantitativas localizadas na educação básica, fato mais ligado ao cumprimento de metas referentes à equidade na oferta dos serviços. Assim, as carências que permanecem se referem principalmente ao melhor aproveitamento dos recursos envolvidos, por meio de sua destinação correta e honesta (sem corrupção), pelo alinhamento de objetivos entre os entes federados e pela valorização dos docentes. Tal valorização se fundamenta na efetiva qualificação técnica em serviço e em um melhor equacionamento da formação inicial de professores nas licenciaturas, tema sempre presente em muitos debates, com polêmicas que têm gerado muito mais calor do que luz. Essa qualificação pode ser muito mais eficaz se os professores se transformarem cada vez mais em aprendizes permanentes ao atuar em propostas metodológicas mais ativas, nas quais os estudantes ampliem sua autonomia nas definições de prioridades de aprendizagem e seu protagonismo nos próprios projetos de vida e participação social.

Em síntese, julgo que podemos afirmar que no Brasil já há bom investimento geral em ensino e educação, mas ainda será necessário mais investimento bem direcionado nessa área para acompanhar as nações com maior desenvolvimento social e econômico. Além disso, boa parte dos recursos lançados nas rubricas de educação é um conjunto amorfo de despesas redundantes ou dispensáveis, mesclado com desperdícios, desvios e corrupção. Migrar essa parcela improdutiva e importante de despesas para a categoria de investimentos constitui etapa essencial para acelerar a gestão da qualidade educacional em direção à excelência.

9

VOCAÇÃO OU OPORTUNIDADES?

PROCESSOS DE ESCOLHA DE CARREIRAS DE ESTUDO E DE CARREIRAS PROFISSIONAIS, PROCESSOS DE ESTÍMULOS INSTITUCIONAIS PARA VALORIZAR CARREIRAS E DIRECIONAR DEMANDAS SOCIAIS EM BENEFÍCIO DA COLETIVIDADE. EXEMPLOS FAMILIARES, REGIONAIS, NACIONAIS. VALORIZAÇÃO DA CARREIRA DOCENTE COMO EIXO PARA A BUSCA DA EXCELÊNCIA NO ENSINO.

A escolha dos estudos a realizar e das carreiras profissionais é por alguns considerada como "vocação". Os exemplos de pessoas com "vocação", entretanto, são mais casos de exceções a regras gerais do que de regras para a maioria das pessoas de um grupo de profissionais. Aparecem mais em biografias de famosos do que em características de grupos de estudantes ou de profissionais. Mesmo em atividades que demandam alguns talentos ou habilidades físicas e intelectuais muito acima das médias e medianas, as supostas vocações muito frequentemente ocultam muitos esforços, superações, alguma sorte e oportunidades que poderiam ser também atribuídas ao acaso ou a combinações de possibilidades.

Os grupamentos sociais encaminham preferências em função do que mais valorizam em decorrência das circunstâncias históricas de seu contexto. Alguns exemplos da história e do presente:

» Caçadores e guerreiros foram forjados e valorizados em tribos indígenas que dependiam das lutas por terras e recursos escassos para sua sobrevivência. Ainda são.
» Nações e grupos sociais que vislumbram as guerras como seu modo prioritário de garantir a dominação sobre outros ou como caminho para evitar dominação ainda maior por terceiros valorizam e estimulam carreiras militares e seus complementos, como fabricação de armas, espionagem e serviços afins.

» Os povos que acreditam que a educação é o caminho mais adequado para o desenvolvimento sustentável com equidade social veem os processos ensino-aprendizagem e as carreiras docentes como as mais importantes para a garantia de seu futuro.

Aqui, no Brasil, a valorização da educação já quebrou a barreira dos discursos e foi formalmente incorporada à legislação e às políticas públicas oficialmente expressas, como a atual Constituição Federal (CF) e a LDB. Entretanto, as práticas sociais ainda vêm com passos muito lentos e a reboque das normas que muitas vezes contribuem para o atraso por meio de muita burocracia, inconsistências e muitas mudanças antes de qualquer consolidação. Assim, as carreiras docentes ainda são pouco valorizadas socialmente e mal remuneradas, especialmente na educação básica, que é o alicerce da estrutura de ensino.

Algumas carreiras profissionais tiveram como marcas históricas a ideia um tanto mística de "vocação" ou missão. As profissões religiosas, como as do clero católico, os rabinos e os pastores evangélicos ou seus equivalentes, encabeçam a lista, obviamente. Professores, médicos, enfermeiros, militares e outras profissões ligadas aos serviços de saúde ou de ensino também são frequentemente consideradas casos de "vocação" que poderia ser de algum modo explicada como "dom", obtido por destino ou sina. "Dom" concedido diretamente por Deus ou pelos deuses, conforme o contexto e a fé. Outras atividades com destaque social ou remunerações vantajosas podem eventualmente ter essa marca em diferentes momentos históricos. Em alguns casos, em algumas décadas houve mudança do *status* de ocupações marginalizadas para valorização algumas vezes exagerada. Jogadores de futebol e outros esportes atualmente com elevado apelo popular, sambistas, atores e atrizes, manequins e modelos são alguns exemplos dos anos que vivi e aos quais sobrevivi com algum conforto.

Após tudo o que já li e vivenciei, concluo com alguma convicção que são muito mais raros os casos de pessoas que de fato poderiam ser definidas como vocacionadas para as profissões que assumiram. O que mais frequentemente determina a entrada de alguém em uma dada profissão é a combinação de oportunidade com alguma motivação intrínseca ou induzida. Mesmo no caso de sacerdotes, o mais comum é que o seminário tenha sido a principal oportunidade de estudos formais para filhos de famílias sem recursos para seu financiamento. A mesma lógica se mostra aplicável às ocupações militares. Nas artes e nos esportes, normalmente o virtuosismo associado a desempenhos excepcionais, admirado pelos assistentes como uma "graça divina", é fruto especial de muita abnegação, esforço e até sofrimento, aliados a habilidades acima da média, mas naturalmente humanas. Milagres são muito raros, e os que sobrevivem a lupas rigorosas de investigação científica são ainda mais raros.

No Brasil, as carreiras de licenciatura estão entre as de menor demanda como primeira opção de estudos posteriores ao ensino médio. Na Finlândia, destaque reiterado no tema excelência no ensino, essas carreiras encabeçam a lista. Isso não ocorre por acaso nem porque lá há mais pessoas com "vocação" para ensinar e, aqui, muito mais estudantes querem ser médicos, cantores populares ou jogadores de futebol. A explicação está na valorização social das profissões correspondentes, nas oportunidades disponíveis, na remuneração possível ou idealizada.

As profissões consideradas artísticas têm um apelo adicional que me faz recordar as caixas complementares que Rubem Alves sempre pregou, a caixa de brinquedos e a de ferramentas. Cantores, compositores, músicos, atores, escritores, pintores e outros artistas representam mais exemplos de pessoas que conseguem trabalhar brincando com sua caixa de ferramentas. É comum encontrarmos profissionais dessas áreas que não querem se aposentar e trabalham com satisfação até 80 ou 90 anos de idade e até mais. Há também exemplos similares entre médicos e professores, talvez em razão do componente artístico que essas ocupações envolvem. No caso de professores que conheço, uma característica comum a todos é a certeza de que estão sempre aprendendo e que o aprender sempre constitui o principal fator de satisfação profissional. Sua motivação é reforçada pelo uso mais eficaz da caixa de brinquedos. Esses talvez até mereçam receber a classificação de "vocacionados", mesmo que a base mítica ou mística do conceito não prevaleça.

Rubem Alves escreveu uma fábula marota que certamente lhe angariou alguns desafetos, especialmente nos meios acadêmicos. Trata-se do texto "Os urubus e sabiás", incluído no livro *Estórias de quem gosta de ensinar* (ALVES, 1988, p. 61-62). Ele conclui como convém às fábulas: "MORAL: em terra de urubus diplomados não se ouve canto de sabiá". Usei esse texto como material de debates em muitas turmas para formação e desenvolvimento de instrutores de treinamento, profissionais com habilitações técnicas, cursos de graduação e pós-graduação que planejavam atuar ou já atuavam em educação corporativa e em instituições de educação não formal. Ouvi raríssimas discordâncias, todas de licenciados que se manifestavam invariavelmente com frases que iniciavam com algo similar a "Mas a formação pedagógica pode ajudar no trabalho de ensinar...".

Em minha experiência de muitos anos com docentes na educação profissional técnica de nível médio e em cursos de graduação e pós-graduação *lato sensu*, raramente encontrei elevada correlação positiva entre titulação acadêmica e competência didática. Ao contrário, os docentes com melhor didática e melhores resultados de aprendizagem não tinham licenciatura ou educação formal específica para ensinar. Eram profissionais ativos e reconhecidos em suas respectivas áreas com disposição para compartilhar o que sabiam e muita vontade de aprender ainda mais. Na maior parte das vezes em que optei pela contratação de docentes com elevada titulação acadêmica e ego inflado, foi inviável renovar o contrato. Houve reclamações sobre o desempenho didático deles por parte de estudantes ou de gestores das empresas que os contrataram como docentes em cursos livres, palestras ou cursos de especialização (pós-graduação) em educação corporativa.

Uma vez ouvi uma frase também marota do saudoso professor Jorge Nagle, com quem fiz um curso de extensão sobre planejamento educacional na Unesp Araraquara. Ele era pedagogo, mestre, doutor e professor titular na área de educação da universidade. Depois foi diretor da Faculdade de Educação, reitor da Unesp e secretário de Ciência e Tecnologia, que coordena as três universidades paulistas e o Centro Paula Souza. Isso foi depois que ele já estava aposentado, durante algumas conversas que manteve com uns poucos profissionais do Senac São Paulo, grupo que eu integrava. Ele disse algo próximo ao que recrio a seguir: "Se você quer encontrar um bom professor, procure alguém que saiba bem alguma coisa e tenha vontade de aprender mais. Se quiser menos, procure um licenciado e depois baixe o nível até pedagogo, mestre, doutor, reitor". Usou ironicamente a própria sequência pessoal de carreira. Nem chegou a mencionar o cargo mais político, porque deve ter julgado que isso já seria baixar demais o nível de exigências. A autoironia, que julgo inadequada no caso do professor Nagle, corrobora minha experiência pessoal como gestor de atividades de ensino.

Os parágrafos anteriores destacam meu pensamento sobre ensino de excelência e sua forte correlação com a valorização do trabalho docente orientado para a excelência da aprendizagem. Considero que essa valorização depende obviamente de remuneração compatível, boas condições de trabalho e respeitabilidade social. Depende, também, de políticas de qualificação docente consistentes e executadas com metodologias ativas e forte participação vivencial nas práticas educacionais, em sistema similar ao das residências médicas. O excesso de corporativismo protetor de incompetências, em minha opinião, é um dos entraves. Aliás, não só na área de educação como também na de saúde e em outras áreas sensíveis de desempenho profissional regulamentado.

10

ESTATÍSTICAS E SUAS ARMADILHAS

QUANTIDADES, QUALIDADE(S), RELAÇÕES PERCENTUAIS, MANIPULAÇÕES BEM E MAL-INTENCIONADAS. COMO USAR BEM A ESTATÍSTICA PARA APOIAR A GESTÃO DA QUALIDADE DA APRENDIZAGEM.

Quando uma reportagem ou um artigo na mídia convencional aborda o tema qualidade no ensino ou qualidade na educação, é muito frequente apoiar as afirmações catastróficas em tabelas estatísticas que indicam que o Brasil está nos últimos lugares da lista. Em alguns casos, a lista é marotamente organizada para facilitar essa conclusão. Se o Brasil for o décimo colocado em alguma tabela da ONU, da OCDE ou do *New York Times*, basta listar apenas os primeiros dez da lista que automaticamente ficaremos no último lugar! O mais comum, entretanto, é usar um pouco mais de inteligência e escolher recortes específicos ou simplificados de laudos complexos para "provar" a tese que interessa.

"Os estudantes brasileiros estão nos últimos lugares dos *rankings* internacionais do Pisa." Se isso fosse uma citação (não é, embora talvez um *software* para detectar plágios encontre muitas frases idênticas ou similares!), talvez boa parte deste livro precisasse ser usada para nomear sua origem, muitas vezes de fontes consideradas sábias ou renomadas. Optei aqui por um "plágio" só com as aspas. A frase, além de ser um **clichê** cômodo (isso é pleonasmo, quase redundância!), é um exemplo óbvio de irrelevância analítica. Elaborar *rankings* **NÃO É** o foco do Pisa. De fato, os resultados de desempenho dos estudantes brasileiros nas provas do Pisa costumam situar-se sempre no último quartil das listas. A imprensa brasileira frequentemente divulga os resultados como "prova inconteste" do fracasso de nossa educação. Meia-verdade. Ou meia-mentira, que é o mesmo. A lista de países participantes avaliados em 2018 foi limitada a 79, dos quais 37 membros da OCDE e outros 42 convidados aceitos, que incluíam cidades ou províncias. Esse grupo constitui bem menos da metade dos 193 países que são membros das Nações Unidas. É possível, mas pouco provável, que os estudantes de todos ou da maioria dos países integrantes da ONU que ainda não participaram do Pisa conseguissem estar acima da pontuação dos estudantes brasileiros de 15 anos. Na diversidade de variáveis a considerar, especialmente no caso de nações continentais heterogêneas, as comparações diretas com países que correspondem a estados ou municípios do nosso Brasil soam como comparar laranjas seletas com todo o conjunto de frutas em uma feira. Os resultados resumidos normalmente sintetizam **média**, uma figura estatística de menor relevância quando vista isoladamente. Isso estimula outro chavão exemplar: alguém com a cabeça no forno ligado e os pés na geladeira poderá ser um cadáver na "agradável" temperatura média de 23 °C.

Os representantes governamentais de unidades ou redes escolares privadas, por outro lado, muitas vezes usam outros recortes dos mesmos laudos e relatórios para "provar" a excelência de seus métodos, de suas escolas, de seus materiais didáticos ou do produto que querem valorizar. Algumas vezes utilizam as mesmas tabelas, "torturando" os números com as ferramentas adequadas para que "confessem" a aderência à tese que lhes interessa demonstrar.

Como país quase continental e muito desigual na distribuição de renda e de oportunidades entre seus habitantes, é sempre viável escolher recortes para algum ufanismo ou para autocomiseração. Tudo isso pode ser feito em nome do patriotismo ou disfarçado sob um manto de engajamento partidário ou ideológico. Essas possibilidades são muito usadas. Há muito abuso, também.

Estatística é disciplina séria que fornece instrumentos muito úteis para compreender fenômenos e explicar realidades. Na área de saúde, desde suas origens ajudou e ainda ajuda muito a prevenir doenças e salvar vidas. Na contramão desses usos, muitas "estatísticas", configuradas como relatórios analíticos, tabelas ou gráficos sofisticados, são utilizadas como instrumentos para manipular informações e convencer pessoas de teses ou ideias que seus formuladores pretendem provar. Estatística (sem aspas) é uma das bases da pesquisa científica positivista baseada na experimentação controlada e mais conhecida como metodologia quantitativa. A crítica sistemática pelos pares (pesquisadores da mesma área e da área de metodologia da pesquisa) tenta evitar as manipulações exageradas e o charlatanismo científico. Algumas vezes, consegue evitar. Há até quem afirme que sempre consegue evitar tal distorção, só que algumas vezes demora algum tempo. Concordo plenamente com isso, especialmente se o tempo a considerar for contado em séculos!

Nas ciências denominadas exatas, de fato os cientistas melhor qualificados conseguem identificar com menos dificuldade as principais manipulações estatísticas e desmascarar charlatães. Isso é facilitado, por exemplo, porque um experimento em química ou física pode ser reproduzido rapidamente em várias partes do mundo e as estatísticas podem ser conferidas e analisadas em seus detalhes. As variáveis a controlar podem ser múltiplas, mas são normalmente referidas com precisão. A linguagem científica da área é bem padronizada e depende menos dos idiomas dos diferentes países, por ser muito apoiada na matemática e porque usa o inglês como base essencial para a comunicação descritiva complementar.

Quanto mais complexas e interdisciplinares são as áreas de conhecimento tratadas, maior é a dificuldade para desmascarar manipuladores com alguma competência em ferramentas da estatística e em argumentação verbalizada. Geralmente, as ditas ciências humanas – e a pedagogia, em especial – estão entre as áreas de conhecimento aplicado muito sujeitas a manipulações estatísticas. Assim, até conclusões obviamente idiotas chegam a ser apregoadas como "verdades científicas" fundamentadas em tabelas de difícil compreensão ou, simplesmente, incompreensíveis. Quase todos leem tais teses como eu li *O nome da rosa*, pulando os trechos em latim. Esses raros leitores pulam as tabelas e só admiram a eventual beleza dos gráficos coloridos. Se o "cientista" escreve bem, mesmo que não seja um Umberto Eco, o texto todo faz sentido, e muitos leitores acreditam nas conclusões contadas, que passam a ser adoradas como dogmas nos altares divinizados das "igrejas" da "Ciência".

Para ajudar de fato na gestão da qualidade da educação e na busca da excelência do ensino pela efetividade dos resultados de aprendizagem, os conhecimentos estatísticos podem ser úteis se forem utilizados pelas equipes gestoras, por docentes e por estudantes para tratar e analisar dados comparativos entre metas definidas e resultados alcançados. As conclusões das análises podem ajudar nos estudos sobre tendências e hipóteses de trabalho em projetos negociados para intervenção no processo ensino-aprendizagem.

Tabelas e gráficos são ferramentas comunicacionais baseadas em estatísticas. Podem ser úteis para explicar melhor alguns resultados internos e sua evolução no tempo. Podem ajudar, também, a comparar situações similares e testar hipóteses com ferramentas de modelagem de variáveis críticas envolvidas em projetos de intervenção. É muito importante, porém, que haja conhecimento técnico bem fundamentado e muita honestidade intelectual de quem utiliza tais ferramentas. Infelizmente, em especial na análise de temas educacionais, não é tão frequente a combinação dessas duas virtudes. Isso amplia a quantidade de notícias, artigos e peças publicitárias em que as "estatísticas" são armadilhas comunicacionais. Ou pior que isso.

Este livro é sobre excelência no ensino, na educação e na aprendizagem. Constata fracassos e ameaças para encontrar caminhos de superação. Vejo a educação e o mister de ensinar com esperança realista. A mesma esperança que levou Paulo Freire a escrever o livro *Pedagogia da esperança: um reencontro com a pedagogia do oprimido*, espécie de síntese da saga freireana como educador, em minha opinião. Uma esperança que vai além da inação sugerida pelo verbo "esperar", quase seu antônimo. Já ouvi de Mario Sergio Cortella a dica dessa forma de esperança em várias palestras e entrevistas. Essa esperança que também me move é derivada do verbo "esperançar", que significa "almejar, sonhar, agir, buscar". Educadores e ensinantes que todos somos, pais, estudantes, professores, médicos, camponeses, engenheiros, religiosos, administradores, cientistas, planejadores, políticos, operários, cidadãos e cidadãs em geral, só com essa esperança ativa podemos ver e fazer algum sentido para nossa própria vida, para a vida de quem amamos e dos que nos sucederão neste pequeno planeta azul.

POSFÁCIO

REFLEXÕES LIVRES DE UM EDUCADOR PREOCUPADO COM AVALIAÇÃO DA APRENDIZAGEM

FRANCISCO APARECIDO CORDÃO

A atual Lei de Diretrizes e Bases da Educação Nacional (BRASIL, 1996) subordina as atividades de ensino aos resultados da aprendizagem. As atividades de ensino são inócuas se os educandos não aprendem o que está sendo ensinado. Mais do que isso, para quase nada servirão se, ao aprender, não aprenderem a aprender, para continuar aprendendo ao longo da vida. Por isso mesmo, ao enumerar as incumbências dos docentes, a LDB situa como incumbência central de professores e professoras a tarefa de "zelar pela aprendizagem dos alunos".[1] Nessa perspectiva, define que "a educação básica tem por finalidades desenvolver o educando, assegurar-lhe a formação comum indispensável para o exercício da cidadania e fornecer-lhe meios para progredir no trabalho e em estudos posteriores".[2] A primeira etapa da educação básica é a educação infantil, destinada às crianças até 5 anos de idade. Nessa etapa educativa, a avaliação será realizada "mediante acompanhamento e registro do desenvolvimento das crianças, sem o objetivo de promoção, mesmo para o acesso ao ensino fundamental".[3] A etapa do ensino fundamental objetiva "a formação básica do cidadão, mediante o desenvolvimento da capacidade de aprender".[4] O ensino médio "tem como finalidades: a consolidação e o

---

1 Ver inciso II do art. 13 da LDB.
2 Ver art. 22 da LDB.
3 Ver inciso I do art. 31 da LDB.
4 Ver art. 32 da LDB.

aprofundamento dos conhecimentos adquiridos no ensino fundamental".[5] Entre as finalidades da educação superior, merece destaque aquela que prevê "a formação e a capacitação de profissionais, a realização de pesquisas pedagógicas e o desenvolvimento de atividades de extensão".[6] Nesse contexto, a educação profissional e tecnológica "integra-se aos diferentes níveis e modalidades de educação e às dimensões do trabalho, da ciência e da tecnologia".[7]

A Constituição Federal promulgada em 1988 (BRASIL, 1988) define que a educação é direito de todos e dever do Estado e da família. Sua finalidade é alcançar o "pleno desenvolvimento da pessoa, seu preparo para o exercício da cidadania e sua qualificação para o trabalho".[8] O dever do Estado em relação a essa educação se dará, principalmente, pela garantia de oferta da "educação básica obrigatória e gratuita, dos 4 (quatro) aos 17 (dezessete) anos de idade".[9] Nossa Constituição ainda assegura que "o acesso ao ensino obrigatório e gratuito é direito público subjetivo"[10] e que a omissão do poder público configura responsabilidade da autoridade competente. A LDB retoma a norma constitucional e ainda orienta que "a educação escolar deverá vincular-se ao mundo do trabalho e à prática social".[11]

Para dar conta dessa tarefa é que a Lei Darcy Ribeiro da Educação Nacional vincula às atividades de ensino esse zelo pela aprendizagem dos alunos, sempre de acordo com os interesses do processo de aprendizagem dos educandos. Portanto, o negócio do professor não é dar aula, mas orientar os seus educandos nas trilhas da aprendizagem – é

---

5 Ver art. 35 da LDB.
6 Ver inciso VIII do art. 43 da LDB.
7 Ver art. 39 da LDB.
8 Ver art. 205 da CF.
9 Ver inciso I do art. 2.028 da CF.
10 Ver §1º do art. 2.008 da CF.
11 Ver §2º do art. 1º da LDB.

para isso que ministra aulas e organiza as atividades de ensino na perspectiva de criação de ambientes de aprendizagem. A finalidade primordial das aulas ministradas por professores e professoras está diretamente ligada à efetiva aprendizagem dos estudantes. Todo o aparato escolar, bem como a própria estrutura do sistema educacional, só tem sentido se, de fato, for desenvolvido o necessário "padrão de qualidade"[12] que garanta a aprendizagem dos estudantes. Grande parcela de escolas tem procurado prover os meios e as condições adequadas para que as estratégias didáticas planejadas pelos seus docentes sejam executadas da melhor forma possível, sempre buscando garantir os melhores resultados de aprendizagem de estudantes.

Entretanto, os resultados obtidos pelos estudantes brasileiros nas últimas avaliações de desempenho da educação básica, em todas as suas etapas, merecem reflexão especial por parte de todos os educadores envolvidos, entre os quais me incluo humildemente. Em nenhum momento, ouso colocar em dúvida a dedicação e a eficiência do trabalho educacional desenvolvido por professores e professoras competentes e cada vez melhor preparados, por meio de cuidadosos programas educacionais voltados à formação inicial e continuada para o exercício do magistério. Se antes a formação profissional da maioria deles ocorria no nível do ensino médio, agora ocorre no nível da educação superior, da graduação e até mesmo da pós-graduação. Cada vez mais aumenta o volume de mestres e doutores em educação. As condições de trabalho também estão melhorando significativamente. Podem até não ostentar as condições ideais requeridas ou desejáveis, mas estão melhorando. O Brasil já está executando o seu segundo (legal) ou terceiro (real) Plano Nacional de Educação (PNE), multiplicado em correspondentes planos estaduais e municipais de

---

12 Ver inciso VII do art. 206 da CF e inciso IX do art. 3º da LDB.

educação. A União, os estados, o Distrito Federal e os municípios chegaram a firmar um Pacto Nacional pela Alfabetização na Idade Certa. Finalmente, nos últimos anos, chegou-se a universalizar a oferta da educação básica, embora a nação brasileira, vergonhosamente, ainda não tenha conseguido "erradicar o analfabetismo", que foi eleito como uma das cláusulas pétreas da República e, mais de cem anos após, continua sendo prioridade nacional definida pela Constituição Federal e consagrada no atual Plano Nacional de Educação.[13] A pergunta que não quer calar é a seguinte: o que está acontecendo, para que os resultados alcançados no âmbito da educação básica brasileira ainda não façam jus a todo esse esforço nacional?

A reflexão que quero deixar devidamente registrada, quase às vésperas da comemoração do bicentenário da Independência do Brasil, enquanto educador e cidadão brasileiro preocupado com o nível de aprendizagem de nossos estudantes, objetiva conclamar todos os cidadãos educadores brasileiros sobre o seguinte: as atividades de ensino que todos nós educadores estamos desenvolvendo, seja na condição de dirigentes, pesquisadores, supervisores, conselheiros ou docentes, podem até estar sendo atividades eficientes. Não tenho dúvidas quanto à busca da eficácia e da efetividade de resultados por parte de todos os profissionais da educação nacional. Afinal de contas, tenho consciência de que todos nós estamos dando o máximo de nós mesmos para cumprir com nossas responsabilidades em relação à educação do povo brasileiro. Não há como duvidar da eficiência de todas as ações de cada um dos educadores envolvidos nesse enorme esforço nacional por uma educação democrática de qualidade, depois de séculos de descaso e abandono da instrução pública. Entretanto, toda essa eficiência em relação às atividades de ensino tem sido, em

---

13 Ver inciso I do art. 214 da CF e inciso I do art. 2º da Lei nº 13.005/2014, que instituiu o atual Plano Nacional de Educação.

grande parte, insuficiente para garantir a necessária eficácia em relação aos resultados de aprendizagem apresentados pelos nossos estudantes. Essa enorme defasagem entre a eficiência das ações e a eficácia e a efetividade dos resultados me angustia profundamente. O mais assustador, ainda, é que não temos mais tempo a perder neste século XXI, considerado o século do conhecimento. Estamos vivendo em um mundo cada vez mais globalizado, em um século marcado pela complexidade e exigente de acelerada e crescente qualidade na prestação de nossos serviços profissionais em relação ao desenvolvimento de competências cognitivas e socioemocionais. Assim, professores e professoras não podem desistir de ninguém. Entretanto, cada vez mais, na prática do dia a dia, tomamos ciência de constantes relatos no sentido de que uma parcela cada vez mais significativa de educadores e educadoras está desistindo, como se a responsabilidade não fosse nossa, mas fosse unicamente dos próprios estudantes que não estão aprendendo aquilo que é supostamente ensinado.

O momento atual exige educadores que, nos sistemas de ensino e nas escolas, tenham a ousadia de pretender, ao longo e ao final de cada processo ensino-aprendizagem, demonstrar a clara e sincera intenção de buscar obter como resultado de seu trabalho educativo o animador "nenhum a menos". Jamais temos o direito de desistir de alguém. Não faz o menor sentido a oferta de ensino desvinculada dos resultados da aprendizagem. Entendo que todos nós, educadores e educadoras, estamos sendo chamados a assumir esse desafio como uma questão de honra e de brio profissional, demonstrando eficácia em relação aos resultados de aprendizagem dos nossos estudantes. O maior desafio atual que vislumbro como essencial no processo educacional brasileiro está vinculado à priorização urgente da eficácia no processo de aprendizagem estudantil. Insistir nessa orientação não significa, em hipótese alguma, duvidar da eficiência ou desrespeitar o trabalho dos educadores envolvidos na educação do povo brasileiro, mas significa estimular a todas as valorosas e todos os valorosos educadores brasileiros na transformação de sua eficiência no processo de ensino em eficácia nos resultados efetivos de aprendizagem dos estudantes, de todos os níveis, etapas e modalidades de ensino. Este é o grande desafio proposto aos educadores brasileiros pela atual Constituição Federal e pela atual Lei de Diretrizes e Bases da Educação Nacional.

Para dar conta dessa enorme tarefa que pesa sobre os ombros de todos nós, penso que um dos primeiros passos está vinculado ao esforço coletivo, no âmbito dos projetos pedagógicos e culturais de cada escola e de cada sistema de ensino, em relação à real utilização dos resultados da avaliação diagnóstica dos nossos estudantes para definir o real prognóstico de nossas ações educacionais. Precisamos tomar consciência de que ao aprender, todos nós, professores e estudantes, precisamos urgentemente desenvolver competências cognitivas e socioemocionais voltadas ao desenvolvimento da aprendizagem permanente, para continuar aprendendo ao longo da vida. Portanto, todos nós, educadores e educadoras, estamos sendo chamados à libertação da cartorial função da avaliação como instrumento para reprovação ou aprovação dos estudantes, sem adotar a falácia da chamada promoção automática, assim entendida por quem está à busca de uma desculpa em relação ao ato de assumir os resultados de sua ação profissional. A função da avaliação nos atuais dispositivos de nossa Constituição Federal e da Lei de Diretrizes e Bases da Educação Nacional está vinculada à identificação dos resultados de aprendizagem de nossos estudantes. Precisamos estar continuamente atentos em relação ao que o educando aprendeu, para servir de alavanca para novas aprendizagens e ao que ele ainda não aprendeu, para criar novas oportunidades de aprendizagem, promovendo a progressão contínua da aprendizagem dos educandos, para continuarem aprendendo ao longo da vida, com a necessária autonomia intelectual em relação aos objetos do saber. É essencial indicar que a almejada progressão contínua da aprendizagem não deve jamais ser confundida com a falaciosa promoção automática dos educandos que não estão aprendendo. Não temos o direito de praticar uma atitude hipócrita de fingimento em relação ao processo ensino-aprendizagem. Esse é um importante desafio ético lançado a todos nós, educadoras e educadores brasileiros, em relação aos nossos educandos. Tal desafio exige a ousadia de abandonar a tradicional vinculação da avaliação educacional ao castigo da reprovação dos estudantes, desistindo de seus resultados de aprendizagem. Devemos efetivamente assumir a verdadeira função dos processos de avaliação dos estudantes, enquanto avaliação diagnóstica para a definição dos reais prognósticos orientadores da ação educacional articulada em cada instituição educacional, centrada no zelo pela aprendizagem dos estudantes, sem desistir de ninguém. Todos têm o direito de aprender e podem aprender. Esse é o nosso desafio educacional.

Francisco Aparecido Cordão é educador, sociólogo e filósofo. Representou o Brasil no Mercosul Educacional e é titular da Cadeira 28 na Academia Paulista de Educação. Tem atuado como conselheiro nos conselhos de educação do município e do estado de São Paulo e na Câmara de Educação Básica do CNE. Presta serviços a sistemas, organizações e instituições educacionais, incluindo a Representação da Unesco no Brasil.

REFERÊNCIAS

AFONSO, Almerindo Janela *et al*. **Avaliação na educação**. Pinhais: Melo, 2007.

ALLEN, Rich. **Train Smart**: ensinando e treinando com inteligência. Rio de Janeiro: Qualitymark, 2003.

ALVES, Rubem. **A escola com que sempre sonhei sem imaginar que pudesse existir**. Campinas: Papirus, 2001.

ALVES, Rubem. **Conversas com quem gosta de ensinar**. 19. ed. São Paulo: Cortez/ Autores Associados, 1985. (Coleção Polêmicas do nosso tempo, 1).

ALVES, Rubem. **Estórias de quem gosta de ensinar**. 12. ed. São Paulo: Cortez/ Autores Associados, 1988. (Coleção Polêmicas do nosso tempo, 9).

ALVES, Rubem. **O desejo de ensinar e a arte de aprender**. Campinas: Fundação Educar DPaschoal, 2004. Disponível em: http://livro.educardpaschoal.org.br/upload/NossosLivros/68_livro_desejodeensinar(1).pdf. Acesso em: 15 set. 2020.

ALVES, Rubem. **Ostra feliz não faz pérola**. 2. ed. São Paulo: Planeta, 2014.

ASSOCIAÇÃO BRASILEIRA DE NORMAS TÉCNICAS (ABNT). Home page. **ABNT**. [*s. d.*]. Disponível em: http://www.abnt.org.br/. Acesso em: 20 jul. 2020.

AZANHA, José Mário Pires. **A formação do professor e outros escritos**. São Paulo: Editora Senac São Paulo, 2006.

BARATO, Jarbas Novelino. Conhecimento, trabalho e obra: uma proposta metodológica para a educação profissional. **Boletim Técnico Senac**, v. 34, n. 3, set./dez. 2008. Disponível em: http://www.bts.senac.br/index.php/bts/article/view/262. Acesso em: 20 jul. 2020.

BARATO, Jarbas Novelino. **Educação profissional**: saberes do ócio ou saberes do trabalho? São Paulo: Editora Senac São Paulo, 2004.

BARATO, Jarbas Novelino. **Fazer bem feito**: valores em educação profissional e tecnológica. Brasília, DF: Unesco, 2015. Disponível em: https://unesdoc.unesco.org/ark:/48223/pf0000233600. Acesso em: 20 jul. 2020.

BARBOSA, Eduardo Fernandes *et al*. **Gerência da qualidade total na educação**. Belo Horizonte: Fundação Christiano Ottoni, 1994.

BLANCO, Rosa (org.). **Educação de qualidade para todos**: um assunto de direitos humanos. 2. ed. Brasília, DF: Unesco/OREALC, 2008. Disponível em: https://unesdoc.unesco.org/ark:/48223/pf0000150585. Acesso em: 20 jul. 2020.

BOOG, Gustavo G. (org.). **Manual de treinamento e desenvolvimento ABTD**. São Paulo: Makron Books, 1994.

BRANSFORD, John D.; BROWN, Ann Leslie; COCKING, Rodney R. (org.). **Como as pessoas aprendem**: cérebro, mente, experiência e escola. São Paulo: Editora Senac São Paulo, 2007.

BRASIL. Constituição da República Federativa do Brasil, 1988. **Lex**: coletânea de legislação. 1988. Disponível em: http://tinyurl.com/be9lgsg. Acesso em: 20 jul. 2020.

BRASIL. Lei nº 9.394, de 20 de dezembro de 1996 (LDB). **Lex**: coletânea de legislação. 1996. Disponível em: http://www.planalto.gov.br/ccivil_03/Leis/L9394.htm. Acesso em: 20 jul. 2020.

BRASIL. Lei nº 13.005, de 25 de junho de 2014 (Plano Nacional de Educação). **Lex**: coletânea de legislação. 2014. Disponível em: http://www.planalto.gov.br/ccivil_03/_ato2011-2014/2014/lei/l13005.htm#:~:text=LEI%20N%C2%BA%2013.005%2C%20DE%2025,Art. Acesso em: 20 jul. 2020.

BRASIL. Ministério da Fazenda. **Aspectos fiscais da educação no Brasil**. Brasília, DF: Ministério da Fazenda, 2018. Disponível em: https://sisweb.tesouro.gov.br/apex/f?p=2501:9::::9:P9_ID_PUBLICACAO:28264. Acesso em: 20 jul. 2020.

BURKE, Thomas Joseph. **Por uma revolução de qualidade no ensino**: invertendo o paradigma. Petrópolis: Vozes, 2009.

CABRAL, Maria Inez Cavalieri. **De Rousseau a Freinet ou da teoria à prática**: uma nova pedagogia. São Paulo: Hemus, 1978.

CARNOY, Martin. **Mundialização e reforma na educação**: o que os planejadores devem saber. Brasília, DF: Unesco, 2002. Disponível em: https://unesdoc.unesco.org/ark:/48223/pf0000126819. Acesso em: 20 jul. 2020.

CARVALHO, José Sérgio Fonseca de. Os ideais da formação humanista e o sentido da experiência escolar. **Educação e Pesquisa**, v. 43, n. 4, p. 1023-1034, out./dez. 2017. Disponível em: https://www.scielo.br/pdf/ep/v43n4/1517-9702-ep-S1517-9702201610148595.pdf. Acesso em: 6 ago. 2020.

CASARINI, Fabiana Gradela; BAUMGARTNER, Marcos (org.). **Educação corporativa**: da teoria à prática. São Paulo: Editora Senac São Paulo, 2012.

CHARLOT, Bernard. **Relação com o saber, formação dos professores e globalização**: questões para a educação hoje. Porto Alegre: Artmed, 2005.

CHOO, Chun Wei. **A organização do conhecimento**: como as organizações usam a informação para criar significado, construir conhecimento e tomar decisões. São Paulo: Editora Senac São Paulo, 2003.

CITELLI, Adilson Odair. **Comunicação e educação**: a linguagem em movimento. São Paulo: Editora Senac São Paulo, 2000.

COESTIER, Bénédicte; MARETTE, Stéphan. **Economia da qualidade**. São Paulo: Editora Senac São Paulo, 2009.

COLOMBO, Sonia Simões et al. **Gestão educacional**: uma nova visão. Porto Alegre: Artmed, 2004.

CONNOR, Dick; DAVIDSON, Jeffrey P. **Marketing de serviços profissionais e de consultoria**. São Paulo: Makron Books, 1993.

CORDÃO, Francisco Aparecido. Entrevista: Desafios educacionais no Brasil. **Boletim Técnico Senac**, Rio de Janeiro, Senac Nacional, v. 45, n. 1, p. 133-138, 2020. Disponível em: https://bts.senac.br/bts/article/view/812/694. Acesso em: 20 jul. 2020.

CORDÃO, Francisco Aparecido; MORAES, Francisco de. **Educação profissional no Brasil**: resumo histórico e perspectivas. São Paulo: Editora Senac São Paulo, 2017.

CORTELLA, Mario Sergio. **A escola e o conhecimento**: fundamentos epistemológicos e políticos. 7. ed. São Paulo: Cortez/Instituto Paulo Freire, 2003. (Coleção Prospectiva).

CORTELLA, Mario Sergio. **Não nascemos prontos!** Provocações filosóficas. Petrópolis: Vozes, 2006.

CRUZ, Renato. **O desafio da inovação**: a revolução do conhecimento nas empresas brasileiras. São Paulo: Editora Senac São Paulo, 2011.

CURY, Carlos Roberto Jamil; CORDÃO, Francisco Aparecido; NEUBAUER, Rose. **20 anos da LDB**: avanços e perspectivas para a próxima década. São Paulo: CEE, 2017.

DAVIS, Cláudia; OLIVEIRA, Zilma de. **Psicologia na educação**. 2. ed. São Paulo: Cortez, 1994.

DE MASI, Domenico (org.). **A sociedade pós-industrial**. São Paulo: Editora Senac São Paulo, 1999.

DELORS, Jacques *et al*. **Educação**: um tesouro a descobrir. Brasília. DF: Unesco, 2010. Disponível em: http://tinyurl.com/lzzyel3. Acesso em: 20 jul. 2020.

DEPRESBITERIS, Léa. **Avaliação educacional em três atos**. 4. ed. São Paulo: Editora Senac São Paulo, 1999.

DIMENSTEIN, Gilberto; ALVES, Rubem. **Fomos maus alunos**. Campinas: Papirus, 2003.

EBOLI, Marisa. **Educação corporativa no Brasil**: mitos e verdades. São Paulo: Gente, 2004.

ESTRELA, Albano; NÓVOA, António (org.). **Avaliações em educação**: novas perspectivas. Porto: Porto Editora, 1999.

FÁVERO, Maria de Lourdes de Albuquerque; BRITTO, Jader de Medeiros (org.). **Dicionário de educadores no Brasil**: da colônia aos dias atuais. Rio de Janeiro: UFRJ/MEC-Inep, 1999.

FELDMANN, Marina Graziela (org.). **Formação de professores e escola na contemporaneidade**. São Paulo: Editora Senac São Paulo, 2011.

FERREIRA, Naura Syria Carapeto; AGUIAR, Márcia Ângela da S. (org.). **Gestão da educação**: impasses, perspectivas e compromissos. 5. ed. São Paulo: Cortez, 2006.

FERRETTI, Celso João *et al*. **Tecnologias, trabalho e educação**: um debate multidisciplinar. Petrópolis: Vozes, 1994.

FREIRE, Paulo. **A importância do ato de ler**: em três artigos que se completam. 8. ed. São Paulo: Cortez/Autores Associados, 1984.

FREIRE, Paulo. **Pedagogia da autonomia**: saberes necessários à prática educativa. 5. ed. São Paulo: Paz e Terra, 1996.

FREIRE, Paulo. **Pedagogia da esperança**: um reencontro com a pedagogia do oprimido. 3. ed. São Paulo: Paz e Terra, 1997.

FREIRE, Paulo. **Pedagogia da indignação**: cartas pedagógicas e outros escritos. São Paulo: Unesp, 2000.

FREIRE, Paulo. **Pedagogia do oprimido**. 59. ed. Rio de Janeiro: Paz e Terra, 2015.

FREIRE, Paulo; FAUNDEZ, Antonio. **Por uma pedagogia da pergunta**. 3. ed. Rio de Janeiro: Paz e Terra, 1985.

FULLMANN, Claudiney. **O trabalho**: mais resultado com menos esforço/custo – passos para produtividade. São Paulo: Educator, 2009.

FUNDAÇÃO PARA O DESENVOLVIMENTO DA EDUCAÇÃO (FDE). **Sistema de Avaliação de Rendimento Escolar do Estado de São Paulo (Saresp)**. 2020. Disponível em: http://saresp.fde.sp.gov.br/2019/Default.aspx. Acesso em: 20 jul. 2020.

GADOTTI, Moacir. **História das ideias pedagógicas**. 8. ed. São Paulo: Ática, 1999.

GADOTTI, Moacir *et al*. **Paulo Freire**: uma biobibliografia. São Paulo: Cortez/Instituto Paulo Freire. Brasília, DF: Unesco, 1996. Disponível em: https://edisciplinas.usp.br/pluginfile.php/4144514/mod_resource/content/1/FPF_PTPF_12_069.pdf. Acesso em: 20 jul. 2020.

GAETA, Cecília; MASETTO, Marcos T. **O professor iniciante no ensino superior**: aprender, atuar e inovar. São Paulo: Editora Senac São Paulo, 2013.

GARCIA, Marilene Santana dos Santos; CZESZAK, Wanderlucy. **Curadoria educacional**: práticas pedagógicas para tratar (o excesso de) informação e fake news em sala de aula. São Paulo: Editora Senac São Paulo, 2019.

GARDNER, Howard. **O verdadeiro, o belo e o bom**: os princípios básicos para uma nova educação. Rio de Janeiro: Objetiva, 1999.

GASPARIN, João Luiz. **Uma didática para a pedagogia histórico-crítica**. 5. ed. rev. Campinas: Autores Associados, 2012.

GATTI, Bernardete Angelina; BARRETTO, Elba Siqueira de Sá (org.). **Professores do Brasil**: impasses e desafios. Brasília, DF: Unesco, 2009. Disponível em: https://unesdoc.unesco.org/ark:/48223/pf0000184682. Acesso em: 20 jul. 2020.

GATTI, Bernardete Angelina; BARRETTO, Elba Siqueira de Sá; ANDRÉ, Maria Eliza Dalmazo de Afonso. **Políticas docentes no Brasil**: um estado da arte. Brasília, DF: Unesco, 2011. Disponível em: https://unesdoc.unesco.org/ark:/48223/pf0000212183. Acesso em: 20 jul. 2020.

GATTI, Bernardete Angelina et al. **Professores do Brasil**: novos cenários de formação. Brasília, DF: Unesco, 2019. Disponível em: https://unesdoc.unesco.org/ark:/48223/pf0000367919. Acesso em: 20 jul. 2020.

GENTILI, Pablo Antonio Amadeo; SILVA, Tomaz Tadeu da. 7. ed. **Neoliberalismo, qualidade total e educação**: visões críticas. Petrópolis: Vozes, 1999.

GERALDI, Corinta Maria Grisolia; FIORENTINI, Dario; PEREIRA, Elisabete Monteiro de Aguiar (org.). **Cartografias do trabalho docente**: professor(a) pesquisador(a). Campinas: Mercado de Letras/Associação de Leitura do Brasil (ALB), 1998.

GOLDRATT, Eliyahu M.; COX, Jeff. **A meta**: um processo de aprimoramento contínuo. 10. ed. São Paulo: Claudiney Fullmann, 1993.

GOTTMAN, John; DECLAIRE, Joan. **Inteligência emocional e a arte de educar nossos filhos**. 10. ed. Rio de Janeiro: Objetiva, 1997.

GREEN, Cynthia. **Os caminhos da qualidade**. São Paulo: Makron Books/Editora Senac São Paulo, 1995.

HAAS, Celia Maria. O Sinaes e a concepção de qualidade: o que pensam os gestores acadêmicos das universidades da Grande São Paulo. **EccoS**, São Paulo, Universidade Nove de Julho, n. 44, set./dez. 2017. Disponível em: https://www.redalyc.org/pdf/715/71553908004.pdf. Acesso em: 20 jul. 2020.

HAAS, Celia Maria; APARÍCIO, Ana Silvia Moço. Avaliação, regulação e qualidade na educação superior. **EccoS**, São Paulo, Universidade Nove de Julho, n. 51, out./dez. 2019.

HARASIM, Linda et al. **Redes de aprendizagem**: um guia para ensino e aprendizagem on-line. São Paulo: Editora Senac São Paulo, 2005.

HENRIQUES, Ricardo et al. **Caminhos para a qualidade da educação pública**: gestão escolar. São Paulo: Fundação Santillana, 2016.

HOUAISS, Antônio; VILLAR, Mauro de Salles. **Dicionário Houaiss da língua portuguesa**. Rio de Janeiro: Objetiva, 2009.

IIZUKA, Edson Sadao (org.). **Experiências inovadoras de ensino e aprendizagem – Prêmio FEI Inova Paula Souza**: 1ª edição 2014/2015. São Paulo: Centro Universitário FEI/Centro Paula Souza, 2015.

ILLICH, Ivan. Sociedade sem escolas. Petrópolis: Vozes, 1973.

INSTITUTO NACIONAL DE ESTUDOS E PESQUISAS EDUCACIONAIS ANÍSIO TEIXEIRA (INEP). **Censo da Educação Básica 2019**: notas estatísticas. Brasília, DF: Inep/MEC, 2020a. Disponível em: http://portal.inep.gov.br/informacao-da-publicacao/-/asset_publisher/6JYIsGMAMkW1/document/id/6798882. Acesso em: 20 jul. 2020.

INSTITUTO NACIONAL DE ESTUDOS E PESQUISAS EDUCACIONAIS ANÍSIO TEIXEIRA (INEP). **Censo da Educação Superior 2018**: notas estatísticas. Brasília, DF: Inep/MEC, 2019a. Disponível em: http://download.inep.gov.br/educacao_superior/censo_superior/documentos/2019/censo_da_educacao_superior_2018-notas_estatisticas.pdf. Acesso em: 6 ago. 2020.

INSTITUTO NACIONAL DE ESTUDOS E PESQUISAS EDUCACIONAIS ANÍSIO TEIXEIRA (INEP). Exame Nacional de Desempenho dos Estudantes (Enade). **Inep**. 23 ago. 2019b. Disponível em: http://portal.inep.gov.br/enade. Acesso em: 20 jul. 2020.

INSTITUTO NACIONAL DE ESTUDOS E PESQUISAS EDUCACIONAIS ANÍSIO TEIXEIRA (INEP). Exame Nacional do Ensino Médio (Enem). **Inep**. [s. d.]. Disponível em: https://enem.inep.gov.br/. Acesso em: 20 jul. 2020.

INSTITUTO NACIONAL DE ESTUDOS E PESQUISAS EDUCACIONAIS ANÍSIO TEIXEIRA (INEP). Programa Internacional de Avaliação de Estudantes (Pisa). **Inep**. 3 dez. 2019c. Disponível em: http://inep.gov.br/pisa. Acesso em: 20 jul. 2020.

INSTITUTO NACIONAL DE ESTUDOS E PESQUISAS EDUCACIONAIS ANÍSIO TEIXEIRA (INEP). Sistema de Avaliação da Educação Básica (Saeb). **Inep**. 6 maio 2020b. Disponível em: http://portal.inep.gov.br/web/guest/educacao-basica/saeb. Acesso em: 20 jul. 2020.

INSTITUTO NACIONAL DE ESTUDOS E PESQUISAS EDUCACIONAIS ANÍSIO TEIXEIRA (INEP). **TALIS 2018** – Relatório nacional – Pesquisa Internacional sobre

Ensino e Aprendizagem. Primeira parte. Brasília, DF: Inep, 2019d. Disponível em: http://download.inep.gov.br/acoes_internacionais/pesquisa_talis/resultados/2018/relatorio_nacional_talis2018.pdf. Acesso em: 20 jul. 2020.

INSTITUTO NACIONAL DE ESTUDOS E PESQUISAS EDUCACIONAIS ANÍSIO TEIXEIRA (INEP). **Talis 2018** – Vol. II – notas estatísticas. Brasília, DF: Inep, 2020c. Disponível em: http://download.inep.gov.br/acoes_internacionais/pesquisa_talis/resultados/2018/TALIS2018_VOL_II_Notas_Estatisticas.pdf. Acesso em: 20 jul. 2020.

INTERNATIONAL ORGANIZATION FOR STANDARDIZATION (ISO). **ISO 9000 family – quality management**. Geneva: ISO, 2020. Disponível em: https://www.iso.org/home.html. Acesso em: 20 jul. 2020.

JOINT COMMISSION INTERNATIONAL (JCI). Home page. **JCI**. 2020. Disponível em: https://www.jointcommissioninternational.org/. Acesso em: 20 jul. 2020.

KARNAL, Leandro. **Conversas com um jovem professor**. São Paulo: Contexto, 2016.

KIRKPATRICK, Donald L.; KIRKPATRICK, James D. **Como avaliar programas de treinamento de equipes**: os quatro níveis. Rio de Janeiro: Editora Senac Rio, 2010.

KÜLLER, José Antonio. **Ritos de passagem**: gerenciando pessoas para a qualidade. São Paulo: Editora Senac São Paulo, 1996.

KÜLLER, José Antonio; MORAES, Francisco de. **Currículos integrados no ensino médio e na educação profissional**: desafios, experiências e propostas. São Paulo: Editora Senac São Paulo, 2016.

KÜLLER, José Antonio; RODRIGO, Natalia F. **Metodologia de desenvolvimento de competências**. Rio de Janeiro: Senac Nacional, 2013.

LEÃO, Lucia (org.). **O chip e o caleidoscópio**: reflexões sobre as novas mídias. São Paulo: Editora Senac São Paulo, 2005.

LEVI, Primo. **A chave estrela**. São Paulo: Companhia das Letras, 2009.

LIMA, Lauro de Oliveira. **Para que servem as escolas?** Petrópolis: Vozes, 1995.

LIMA, Lauro de Oliveira; LIMA, Ana Elisabeth Santos de Oliveira. **Uma escola piagetiana**. Rio de Janeiro: Paidéia, 1981.

LITTO, Fredric Michael. **Aprendizagem a distância**. São Paulo: Imprensa Oficial do Estado de São Paulo, 2010.

LITTO, Fredric Michael; FORMIGA, Marcos Maciel (org.). **Educação a distância**: o estado da arte. São Paulo: Pearson Education do Brasil, 2009.

LITTO, Fredric Michael; FORMIGA, Marcos Maciel (org.). **Educação a distância**: o estado da arte – volume 2. São Paulo: Pearson Education do Brasil, 2012.

LOFFREDI, Lais Esteves. **Paradigma de orientação educacional**: baseado no modelo de relação-de-ajuda de Carkhuff. Rio de Janeiro: Francisco Alves, 1976.

LUCKESI, Cipriano Carlos. **Avaliação da aprendizagem escolar**. São Paulo: Cortez, 1995.

MACHADO, Nilson José. **Educação**: projeto e valores. São Paulo: Escrituras, 2004.

MAGALHÃES, Marcos Felipe. **Qualidade na prestação de serviços**: agregando valor às organizações. São Paulo: Editora Senac São Paulo, 2018.

MARQUARDT, Michael J. **O poder da aprendizagem pela ação**: como solucionar problemas e desenvolver líderes em tempo real. Rio de Janeiro: Editora Senac Rio, 2005.

MARQUES, Juracy Cunegatto. **Os caminhos do professor**: incertezas, inovações, desempenhos. Porto Alegre: Globo/UFRGS, 1975.

MELCHIOR, José Carlos de Araújo. **Mudanças no financiamento da educação no Brasil**. Campinas: Autores Associados, 1997.

MELLO, Guiomar Namo de (org.). **Anais do 1º Seminário Paulista de Formação de Professores da Educação Básica**. São Paulo: Sesi São Paulo, 2013.

MENEZES, Luis Carlos de. **Lições do acaso**. São Paulo: Ateliê Editorial, 2009.

MEZOMO, João Catarin. **Qualidade nas instituições de ensino**: apoiando a qualidade total. São Paulo: Cedas, 1993.

MIZUKAMI, Maria da Graça Nicoletti. **Ensino**: as abordagens do processo. São Paulo: EPU, 1986. (Temas básicos de educação e ensino).

MOCSÁNYI, Dino Carlos. **Consultoria**: o caminho das pedras – trabalhando na "era do não emprego". São Paulo: Central de Negócios em RH, 2003.

MORAES, Francisco de. Educação profissional e trabalho: empresa pedagógica, programa de aprendizagem e estágio supervisionado. **Boletim Técnico Senac**, Rio de Janeiro, Senac Nacional, v. 39, n. 1, p. 138-149, jan./abr. 2013. Disponível em: https://www.bts.senac.br/bts/issue/view/27/27. Acesso em: 20 jul. 2020.

MORAES, Francisco de. **Empresas-escola**: educação para o trabalho *versus* educação pelo trabalho. 2. ed. São Paulo: Editora Senac São Paulo, 2012.

MORAES, Francisco de. Grandes e pequenos números geram *rankings* questionáveis. **Boletim Técnico Senac**, Rio de Janeiro, Senac Nacional, v. 43, n. 1, p. 283-289, jan./abr. 2017. Disponível em: https://www.bts.senac.br/bts/issue/view/52/72. Acesso em: 20 jul. 2020.

MORAES, Francisco de; MADUREIRA, Maria Antonieta Meira. O homem e o computador: confrontos e contrastes. **Scientia**, Rio Claro, v. 1, n. 4, p. 75-77, mar./abr. 1971.

MORAN, Emilio Federico. **Adaptabilidade humana**: uma introdução à antropologia ecológica. São Paulo: Editora da Universidade de São Paulo/Editora Senac São Paulo, 2010.

MOREIRA, Marco Antonio. **Ensino e aprendizagem**: enfoques teóricos. 2. ed. São Paulo: Moraes, 1985.

MORIN, Edgar. **Os sete saberes necessários à educação do futuro**. 5. ed. São Paulo/Brasília, DF: Cortez/Unesco, 2002.

MORIN, Edgar. **Saberes globais e saberes locais**: o olhar transdisciplinar. Rio de Janeiro: Garamond, 2000.

MOURA, Eduardo. **As sete ferramentas gerenciais da qualidade**: implementando a melhoria contínua com maior eficácia. São Paulo: Makron, 1994.

MURAD, Ceres. **Ópera na escola**: uma experiência de aprendizagem. São Paulo: Editora Senac São Paulo, 2010.

NAMBISAN, Satish; SAWHNEY, Mohanbir. **Cérebro global**: como inovar em um mundo conectado por redes. São Paulo: Évora, 2011.

NASCIMENTO, Orlando Roberto. **Memórias de um professor de antigamente**. São Paulo: Editora Senac São Paulo, 2020.

NEILL, Alexander Sutherland. **Diário de um mestre-escola**: reflexões de um educador idealista em torno de regulamentos nascidos da burocracia no ensino, que não leva em conta os reais objetivos da educação. São Paulo: Ibrasa, 1974.

NICOLA, Ricardo. **Cibersociedade**: quem é você no mundo on-line? São Paulo: Editora Senac São Paulo, 2004.

NICOLELIS, Miguel. **Muito além do nosso eu**: a nova neurociência que une cérebro e máquinas – e como ela pode mudar nossas vidas. São Paulo: Companhia das Letras, 2011.

NICOLESCU, Basarab *et al*. **Educação e transdisciplinaridade**. Brasília, DF: Unesco, 2000. Disponível em: http://unesdoc.unesco.org/images/0012/001275/127511por.pdf. Acesso em: 20 jul. 2020.

NISKIER, Arnaldo. **História da educação brasileira**: de José de Anchieta aos dias de hoje – 1500/2010. 3. ed. São Paulo: Europa, 2011.

NOSELLA, Paolo. **A escola de Gramsci**. 4. ed. São Paulo: Cortez, 2010.

OLIVEIRA, Romualdo Portela de; SANTANA, Wagner (org.). **Educação e federalismo no Brasil**: combater as desigualdades, garantir a diversidade. Brasília, DF: Unesco, 2010. Disponível em: https://unesdoc.unesco.org/ark:/48223/pf0000187336. Acesso em: 20 jul. 2020.

OLIVEIRA, Tamara Fresia Mantovani de. **Escola**: cultura do ideal e do amoldamento. São Paulo: Iglu, 2003.

ORGANISATION FOR ECONOMIC CO-OPERATION AND DEVELOPMENT (OECD). **Programme for International Student Assessment (Pisa)**. Disponível em: http://www.oecd.org/pisa/. Acesso em: 20 jul. 2020.

ORGANIZAÇÃO DAS NAÇÕES UNIDAS PARA A EDUCAÇÃO, A CIÊNCIA E A CULTURA (UNESCO). **Educação 2030**: Declaração de Incheon e Marco de Ação para a implementação do Objetivo de Desenvolvimento Sustentável 4. Brasília, DF: Unesco, 2016. Disponível em: https://unesdoc.unesco.org/ark:/48223/pf0000245656_por?posInSet=1&queryId=c06b8a7e-586a-4480-aeba-811c173a87e9. Acesso em: 20 jul. 2020.

ORGANIZAÇÃO DAS NAÇÕES UNIDAS PARA A EDUCAÇÃO, A CIÊNCIA E A CULTURA (UNESCO). **Qualidade da infraestrutura das escolas públicas do ensino fundamental no Brasil**. Brasília, DF: Unesco, 2019. Disponível em: https://unesdoc.unesco.org/ark:/48223/pf0000368757. Acesso em: 20 jul. 2020.

ORGANIZAÇÃO DE COOPERAÇÃO E DESENVOLVIMENTO ECONÔMICOS (OCDE). **Compreendendo o cérebro**: rumo a uma nova ciência do aprendizado. São Paulo: Editora Senac São Paulo, 2003.

ORGANIZAÇÃO NACIONAL DE ACREDITAÇÃO (ONA). Home page. **ONA**. 2020. Disponível em: https://www.ona.org.br/. Acesso em: 20 jul. 2020.

PEARSON EDUCATION DO BRASIL. **Gestão da qualidade**. São Paulo: Pearson Education do Brasil, 2011.

PERRENOUD, Philippe. **10 novas competências para ensinar**. Porto Alegre: Artes Médicas Sul, 2000.

PERRENOUD, Philippe. **Ensinar**: agir na urgência, decidir na incerteza. 2. ed. Porto Alegre: Artmed, 2001.

PIAGET, Jean; INHELDER, Bärbel. **A psicologia da criança**. São Paulo: Difusão Europeia do Livro, 1968.

PINTO, Álvaro Vieira. **O conceito de tecnologia**. 2 vols. Rio de Janeiro: Contraponto, 2005.

PINTO, Álvaro Vieira. **Sete lições sobre educação de adultos**. 9. ed. São Paulo: Cortez, 2003.

PORCHÉ, Germaine; NIEDERER, Jed. **Coaching**: o apoio que faz as pessoas brilharem. Rio de Janeiro: Campus Elsevier, 2002.

PROA, Sergio Espinosa. **Em busca da infância do pensamento**: ideias na contramão da pedagogia. Rio de Janeiro: Senac Nacional, 2004.

RIOS, Terezinha Azerêdo. **Compreender e ensinar**: por uma docência da melhor qualidade. São Paulo: Cortez, 2001.

RIPLEY, Amanda. **As crianças mais inteligentes do mundo e como elas chegaram lá**. São Paulo: Três Estrelas, 2014.

ROGERS, Jenny. **Coaching skills**: a handbook. Berkshire: Open University Press, 2004.

ROMA NETO, Elias; ANDRADE, Renata de. **Avaliação do ensino superior**: como fazer e como aplicar na gestão da instituição. São Paulo: Editora Senac São Paulo, 2017.

ROSA, João Guimarães. **Grande sertão**: veredas. 19. ed. Rio de Janeiro: Nova Fronteira, 2001.

ROSE, Mike. **De volta à escola**: por que todos merecem uma segunda chance na educação. São Paulo: Editora Senac São Paulo, 2015.

ROSE, Mike. **O saber no trabalho**: valorização da inteligência do trabalhador. São Paulo: Editora Senac São Paulo, 2007.

ROUSSEAU, Jean-Jacques. **Emílio ou Da educação**. São Paulo: Martins Fontes, 1999.

RUGIU, Antonio Santoni. **Nostalgia do mestre artesão**. Campinas: Autores Associados, 1998. (Coleção Memória da educação).

SACRISTÁN, José Gimeno; GÓMES, Angel Ignácio Pérez. **Compreender e transformar o ensino**. 4. ed. Porto Alegre: Artmed, 1998.

SANTANA, Flávia Feitosa. **A dinâmica da aplicação do termo qualidade na educação superior brasileira**. São Paulo: Editora Senac São Paulo, 2007.

SANTANA, Flávia Feitosa. Coaching: comportamento organizacional e desenvolvimento de profissionais. **Revista da ESPM**, ano 22, ed. 104, n. 4, jul./ago. 2016.

SANTOS, Jurandir (org.). **Criança e adolescente em foco**: dialogando com profissionais e cuidadores. São Paulo: Editora Senac São Paulo, 2014.

SAVIANI, Dermeval. **Escola e democracia**. 11. ed. São Paulo: Cortez/Autores Associados, 1986.

SAVIANI, Dermeval. **História das ideias pedagógicas no Brasil**. 5. ed. (Kindle). Campinas: Autores Associados, 2019.

SAVIANI, Dermeval. **Pedagogia histórico-crítica**: primeiras aproximações. 11. ed. rev. Campinas: Autores Associados, 2013.

SCHIRATO, Sérgio José. **A sabedoria da qualidade**: os desafios dos fatores humanos. São Paulo: Editora Senac São Paulo, 2006.

SCHLEICHER, Andreas. **A melhoria da qualidade e da equidade na educação**: desafios e respostas políticas. São Paulo: Fundação Santillana/Moderna, 2006.

SCIOTTI, Lucila Mara Sbrana. **Horizontes para a liderança**: para onde nos levam nossos modelos, crenças e ações. São Paulo: Editora Senac São Paulo, 2016.

SILVA, Ezequiel Theodoro da. **Magistério e mediocridade**. São Paulo: Cortez, 1992.

SILVA, Tomaz Tadeu da. **Documentos de identidade**: uma introdução às teorias do currículo. Belo Horizonte: Autêntica, 2007.

SOARES, Magda. **Alfabetização**: a questão dos métodos. São Paulo: Contexto, 2017.

SOARES, Suely Galli. **Arquitetura da identidade**: sobre educação, ensino e aprendizagem. São Paulo: Cortez, 2000.

SOUZA, Ana Maria Martins de; DEPRESBITERIS, Léa; MACHADO, Osny Telles Marcondes. **A mediação como princípio educacional**: bases teóricas das abordagens de Reuven Feuerstein. São Paulo: Editora Senac São Paulo, 2004.

TÉBAR, Lorenzo. **O perfil do professor mediador**: pedagogia da mediação. São Paulo: Editora Senac São Paulo, 2011.

THORNE, Kaye. **Coaching for change**: practical strategies for transforming performance. New York: Kogan Page, 2004.

TIBA, Içami. **Ensinar aprendendo**: novos paradigmas na educação. 18. ed. São Paulo: Integrare, 2006.

TODOS PELA EDUCAÇÃO. **Relatório Anual de Acompanhamento do Educação Já!**: Balanço 2019 e Perspectivas 2020. São Paulo: Todos pela Educação, 2020. Disponível em: https://www.todospelaeducacao.org.br/_uploads/_posts/417.pdf?229296618%2F=&utm_source=Download-Relatorio-anual. Acesso em: 20 jul. 2020.

VALENÇA, Antonio Carlos (org.). **Aprendizagem organizacional**: 123 aplicações práticas de arquétipos sistêmicos. São Paulo: Editora Senac São Paulo, 2011.

VARELA, Aida. **Informação e autonomia**: a mediação segundo Feuerstein. São Paulo: Editora Senac São Paulo, 2007.

VEIGA, Cynthia Greive *et al.* (org.). **500 anos de educação no Brasil**. Belo Horizonte: Autêntica, 2000.

VERISSIMO, Luis Fernando. **Comédias para se ler na escola**. Rio de Janeiro: Objetiva, 2001.

WEINBERG, Gerald Marvin. **Consultoria**: o segredo do sucesso. São Paulo: McGraw-Hill [Newstec], 1990.

ZABALA, Antoni. **A prática educativa**: como ensinar. Porto Alegre: Artmed, 1998.

ZARIFIAN, Philippe. **O modelo da competência**: trajetória histórica, desafios atuais e propostas. São Paulo: Editora Senac São Paulo, 2003.

ÍNDICE REMISSIVO

A

ABNT 65

Agência Nacional de Saúde Suplementar *ver* ANS

Aluno 93

Alves, Rubem 21, 50, 57, 111-112

ANS 66

Antiguidade 57

Aprender 26-32, 39, 43, 49, 53, 55-56, 83-90, 112-113, 125, 130-131

Aprendiz 81-90

Aprendizagem

    Avaliação 68

    Conceito 26

    E aprendiz 84-87

    Mecanismo 87

    Medição 67

    Objetivos 68-69

    Processos 68-70, 90

    Resultados 47, 55, 66-67, 70-71

Associação Brasileira de Normas Técnicas *ver* ABNT

Atendimento individual (níveis de abrangência) 37-38

Atendimento universal (ensino fundamental) 52

Autoavaliação 68-69

Avaliação 68, 70, 79, 95-96, 130-131

C

Caixa de brinquedos *ver* Alves, Rubem

Caixa de ferramentas *ver* Alves, Rubem

Censo da Educação Superior de 2018 29

Ciências exatas 119

Ciências humanas 120

Classe (níveis de abrangência) 39

CNE 42

Competências 50, 77, 129-130

Comunicação 30-31

Conselho Nacional de Educação *ver* CNE

Constituição Federal 41, 110, 126-128, 130

Cortella, Mario Sergio 70, 121

D

Duplas de aprendizagem (níveis de abrangência) 38

E

Eco, Umberto 120

Educação

   Básica 54

   Conceito 25

   Infantil 29, 42, 52, 68, 76, 125

   Investimentos 103-105

   Profissional 55

   Qualidade 70-71

   Quatro pilares 43, 55-57

Educação a distância (EAD) 26, 48

Enade 75, 77

Enem 75, 77, 78

Ensinante 37, 85, 121

Ensino

   Conceito 25

   Etimologia 25

   Finalidades 47-57

   Formal 28-29

   Fundamental 29, 42, 52-54, 68, 76, 89, 90, 103, 125-126

   Informal 28

   Médio 29, 53-54, 76, 89, 90, 111, 125, 127

   Não formal 28-29

   Níveis de abrangência 35-44

   Objetivos 49-57

   Processos estruturados 47

   Qualidade 69

   Superior 29, 41-42, 55, 77

Ensino-aprendizagem

   E comunicação 31

   Perguntas essenciais 28

Escola (níveis de abrangência) 40

Esperança, esperançar 121

Estatísticas

   Manipulação 119-120

   Qualidade 120

Estudante 30-31, 40-44, 67-70, 83, 85, 93-94, 97-98, 127-131

Exame Nacional de Desempenho dos Estudantes *ver* Enade

Exame Nacional do Ensino Médio *ver* Enem

Excelência

  Busca 20, 40, 44, 63, 66, 78, 120

  Critérios 94-95

  Em qualidade 63

  Na aprendizagem 29-31, 50

  Quadratura do círculo 63

  Qualitativa 31, 40, 44, 67, 71, 79, 95

  Valorização docente 114

F

FDE 76

Fórum Mundial de Educação 2015 71

Freire, Paulo 121

G

Grande sertão: veredas 31

Grupo Escolar de Itirapina 17, 85

H

Homo sapiens sapiens 51

Humanidade (níveis de abrangência) 43

I

Idade Média 94

Ideb 76

Indicadores comparativos 78-79

Índice de Desenvolvimento da Educação Básica *ver* Ideb

Inep 29, 76-78

ISO 9000 65

Instituto Nacional de Estudos e Pesquisas Educacionais Anísio Teixeira *ver* Inep

International Organization for Standardization *ver* ISO 9000

J

JCI 66

Joint Commission International *ver* JCI

L

LDB 41-42, 52-54, 110, 125-127, 130

Lei Darcy Ribeiro da Educação Nacional 126

Lei de Diretrizes e Bases da Educação Nacional *ver* LDB

O

O nome da rosa 120

Occupational Health and Safety Assessment Series *ver* OHSAS

OCDE 77-78, 102, 117-118

OHSAS 1800 66

ONA 66

ONU 43, 117-118

Organização das Nações Unidas *ver* ONU

Organização Nacional de Acreditação *ver* ONA

Organização para a Cooperação e Desenvolvimento Econômico *ver* OCDE

P

Pacto Nacional pela Alfabetização na Idade Certa 128

Paradigmas educacionais 93-98

Pedagogia 27, 47, 51, 86, 120

Pedagogia da esperança: um reencontro com a pedagogia do oprimido 121

Pedagogia do oprimido 51

Pequenos grupos (níveis de abrangência) 39

Pesquisa Internacional sobre Ensino e Aprendizagem *ver* Talis

PIB 102

Pisa 75, 77-78, 102, 117-118

Plano Nacional de Educação *ver* PNE

PNE 127

Produto Interno Bruto *ver* PIB

Professor 30, 37-38, 44, 50, 79, 85-86, 95-96, 104, 112, 125-130

Profissões 109-112

Programa Internacional de Avaliação de Estudantes *ver* Pisa

Projeto 96-98

Projeto pedagógico escolar 40, 44

Psicologia 86

Q

Qualidade

   Indicadores 93

   Movimento 61

   Na educação 67-71

   No ensino 69-71

Quatro pilares da educação 43, 56-57, 98

R

Rankings 27, 75, 117-118

Rede de escolas (níveis de abrangência) 41

Rosa, Guimarães 31

S

Saeb 75-76, 78

Saresp 75-76

Saúde

   Acreditadoras 66

Século XIX 86

Século XX 61, 103

Século XXI 57, 129

Senac 19-20, 70, 113

Sesi 17

SFE 41-42

Sinaes 75-76

Sistema de Avaliação da Educação Básica *ver* Saeb

Sistema de Avaliação de Rendimento Escolar do Estado de São Paulo *ver* Saresp

Sistema Federal de Ensino *ver* SFE

Sistema Nacional de Avaliação da Educação Superior *ver* Sinaes

Sistema nacional de ensino (níveis de abrangência) 41-42

T

Talis 78

Teoria 87

Turma (níveis de abrangência) 39

U

Unesco 43, 55, 71, 98

Universalização (educação básica) 103

V

Vocação 109-111